그림으로
읽는
장자

그림으로 읽는 장자

초판 인쇄일 2020년 9월 4일
초판 발행일 2020년 9월 11일

지은이   박홍순

발행인   이상만
발행처   마로니에북스
등록   2003년 4월 14일 제2003−71호
주소   (03086) 서울특별시 종로구 동숭길 113
대표전화   02−741−9191
편집부   02−744−9191
팩스   02−3673−0260
홈페이지   www.maroniebooks.com

ISBN 978−89−6053−588−6 (03100)

| 장자가 보여주는 자유와 행복의 진짜 조건 |

그림으로
읽는
장자

박홍순 지음

마로니에북스

장자를
만나야 할 시간

불확실성과 불안은 우리 시대를 대표하는 단어가 되었다. 세계는 분명한 세기 동안 과학기술이든 경제 규모든 눈부신 발전을 이루었다. 한국만 놓고 보더라도 지난 수십 년 사이에 세계가 놀랄 정도로 압축적인 고도성장을 성취했다. 외형적인 성장을 놓고 보자면 삶의 안정은 물론이고 미래에 대한 확신이 증가해야 마땅하다. 하지만 현실은 전혀 다른 방향으로 흘러왔다. 안개 낀 숲을 걷듯이 삶이 어디로 향하는지 불투명하다고 여기는 사람이 많다. 불안감에 휩싸여 살아가는 사람이 늘어나는 중이다.

불확실성과 불안이 깊을수록 자기 삶의 지표가 되어줄 무언가가 절실해진다. 길을 잃지 않도록 조언을 해줄 참스승도 좋고, 인생의 매 순간을 함께 걸으며 이야기를 나눌 벗이어도 좋다. 주변에서 스승이 되어줄 어른을 찾아보지만 존경할 만한 분을 만나기 어렵다. 친구나 직장 동료들은 서로가 같은 처지인 마당이니 별로 위안이 되지 않는다.

현실에서 만나기 어려울 때 책을 통해 정신의 스승이나 벗을 찾기 위해 서점을 기웃거린다. 특히 짧게는 수백 년, 길게는 수천 년의 지혜가 담긴 고전에서 길을 찾으려 한다. 아무래도 작가이다 보니 그런 갈등을 담은 질문을 자주 접하는 편이다. 강연이 끝나거나 주변 사람을 만났을 때 책을 권해 달라는 요청을 받는다. 꼭 읽어야 될 단 한 권이 있다면 어떤 책을 꼽겠느냐는, 조금은 짓궂은 요청도 있다. 비록 난감하긴 하지만 그럴 때면 매번 망설이지 않고 권하는 책이 하나 있다. 바로 『장자莊子』다.

동서양 고전을 통틀어서 『장자』만큼 인간과 사회에 관한 상상력을 품고 있는 책은 없다. 우리를 불확실성과 불안에 빠뜨리는, 우리 사회의 지배적 고정관념의 족쇄를 끊고 자유로운 미지의 세계로 나아가는 정신을 가득 담고 있다. 세상의 편견과 자기중심적 사고에서 벗어나 보다 높은 차원의 시야를 통해 자기 삶을 전면적으로 되돌아볼 기회를 준다.

한국사회에서 장자는 공자와 함께 가장 주목받는 중국 사상가다. 서점의 동양사상 코너에서 가장 큰 비중을 차지하는 것이 공자와 장자다. 굳이 철학 분야가 아니라 하더라도 일반교양이나 자기계발과 관련한 곳에서도 드물지 않게 만나볼 수 있다. 그만큼 친숙하고, 친숙한 만큼 오해나 편견도 많다. 특히 장자에 대한 왜곡은 더 심한 편이다. 공자는 말하려는 바를 엄밀하고 간결하게 제시하고, 맹자는 친절하게 풀어 설명하기에 상대적으로 오해의 여지가 덜하다. 하지만 장자는 온갖 비유를 사용하고, 역설적인 논리까지 뒤섞여 있기 때문에 전혀 다른 방향으로 해석되는 경우가 많다.

무엇보다도 인문학 전체에 나타나는 편향이 장자에도 여지없이 드러난다. 대표적인 경향이 힐링과 자기계발로서의 장자 해석이다. 힐링은 치열하고 복잡한 경쟁사회에서 잠시 벗어나는 이완 작용으로 받아들인다. 산속에서 유유자적한 삶을 즐기는 도인을 떠올린다. 자기계발은 장자처럼 하면 성공할 수 있다는 식이다. 사업이나 직장 업무에서 당장의 실무를 넘어 큰 그림을 그리라고 한다. 혹은 인맥을 넓히는 데 유용하다는 해석이다.

문제는 나름의 진지한 접근에서도 적지 않은 왜곡과 한계가 나타난다는 점이다. 제일 문제는 고립적인 이해다. 장자 자체의 어구 해석에 덧붙여 간단한 감상평을 얹어놓는다. 하지만 장자는 고립된 섬이 아니다. 장자의 이야기에는 춘추전국시대를 수놓았던 유가·법가·묵가 등과의 치열한 논쟁이 깊숙이 녹아들어 있다. 장자의 시야는 이 모든 사고방식, 나아가 기존 도가의 한계도 넘어서는 새로운 사유의 지평에 있었다. 춘추전국시대의 역사적 배경과 여러 사상과의 연관 속에서 파악할 때 진정한 문제의식에 접근할 수 있다. 장자를 고립된 섬으로 바라볼 때 맥락을 잃어버리고 표류한다.

날카롭고 세밀한 문제의식을 놓치고 뭉뚱그려진 채로 장자를 남겨두는 경우도 많다. 큰 방향만 잡으면 나머지는 상관없지 않느냐고 생각할지 모르겠다. 환자를 치료하는 의사를 생각해보자. 큰 방향은 환자가 대략 어느 부위에 병이 생겼는지를 확인하는 일이다. 증상이 가볍고 치료 방법도 간단하다면 큰 문제가 될 게 없다. 하지만 증상이 심각하고 고도로 세밀한 치료가 요구된다면 문제는 달라진다. 예를 들어 뇌나 신경, 혹은 핵심 기관의 미세한 혈관이라면 외과의사가 수술을 하면서 서툴고 거친 손놀림을 하거나 무딘 칼을 사용할 때 큰 문제를 일으킨다. 장자에 대한 이해도 마찬가지다.

『장자』는 내편·외편·잡편으로 구성되어 있다. 이 가운데 내편만이 장자가 직접 작업한 내용이라고 보는 견해가 대체적이다. 실제로 전체를 살펴보면 외편과 잡편은 내편의 내용을 보완하는 차원에서 제시된 경우가 많다. 이를 반영하여 이 책은 내편을 중심으로 하되, 논의 과정에서 관련된 내용을 외편과 잡편을 통해 구체화하는 방식으로 구성했다. 표면적인 서술 체계는 내편을 중심으로 하지만 실질적으로는 전체 내용을 다루었다.

조금 더 친근한 만남을 위해 중국과 우리의 옛 그림을 매개로 생각의 단초를 마련하거나 넓히도록 했다. 논의를 진행하면서 가급적 오늘날 현실과 맞물리는 지점을 찾아내 풀어냈다. 고전의 의미는 오늘날 우리에게 닥친 문제를 인지하고 해결을 향한 성찰을 제공하는 데 있다. 불확실성과 불안이 깊어가는 현대야말로 장자를 만나야 할 시간이다. 이제 진정한 자유인 장자와 대화를 나누며 노니는 여행을 떠나보자.

박홍순

차례

제 **1** 장

어떻게 자유로울 수 있는가?

붕의 큰 시야와 의지를 갖다

이름과 명예의 덫에서 빠져나오다

어슬렁거리며 노니는 일상을 살다

외모에 얽매인 사고를 털어내다

좋고 싫음의 감정을 넘어서다

莊子

곤鯤이라는 물고기가 있다. 크기가 몇 천리인지 알 수 없다. 곤이 변하여 새가 되면 붕이라 한다. (…)『제해齊諧』에서 "붕은 남녘으로 날아갈 때 물 위를 삼천 리나 달려야 날아오르고, 날개로 바람을 치면서 구만 리를 올라가야 항로를 잡는다. 육 개월을 날아 천지(남녘)에 도달해서야 쉰다."라고 했다. (…) 매미와 작은 새가 웃으며 말했다. "우리는 펄쩍 날아 나뭇가지에 오른다. 무엇 때문에 구만 리나 높이 올라 남녘까지 가는가?" 근교에 간 사람은 세 끼 밥만 먹어도 배가 부르다. 백 리 길을 가는 사람은 전날 밤에 양식을 준비한다. 천 리 길을 가는 사람은 석 달 동안 양식을 준비한다. 이 두 벌레가 무엇을 알겠는가?(『소요유』)

붕의 큰 시야와
의지를 갖다

산 정상에서 붕의 시선을 경험하다

가슴이 답답하고 안정되지 않을 때 산을 찾는 이들이 많다. 제대로 등산복을 차려 입든 간편한 복장이든 산을 오르며 기분 전환을 한다. 특히 요즘 들어서는 혼자 산길을 걷는 등산객이 부쩍 늘어났다. 여러 이유가 있겠지만, 산 정상에 오르는 순간 각박한 현실의 삶에서 일시적으로나마 벗어나 마음의 위안을 얻을 수 있기 때문이다.

도전하는 마음으로 꽤 높은 산 정상에 올랐을 때의 감회는 남다르다. 한국은 어느 지역을 가든 유명한 산이 있기 마련이다. 서울이라면 북한산이나 관악산이 대표적이다. 유난히 산을 싫어하는 사람이 아니라면 몇 번은 꽤 알려진 산의 정상까지 오른 기억을 갖고 있을 것이다. 특히 처음 정상에 올랐을 때의 벅찬 감흥을 떠올려보라. 평소에 인생의 전부인 듯 느껴졌던, 자신이 살던 세상이 모두 발아래 있는 느낌 말이다.

높게 느껴지던 주변의 산이 언덕처럼 낮아 보인다. 고층 빌딩조차 소인국의 장난감 건물처럼 작다. 사람은 아예 보이지 않거나 설사 눈에 띄더라도 아주 작은 개미 같다. 단지 크기나 거리에서 오는 새로운 경험에 머물지 않는다. 그날 아침까지도 반복되던 도시의 일상이 까마득히 오래전의 일처럼 느껴진다. 심지어 마치 인생이 걸린 듯 중요하게 여기던 일들이 뭐가 그리 대단했는가 싶다. 전혀 다른 세상으로 이동한 묘한 기분이 든다.

남종산수화의 시조로 불리는 동원董源의 〈용숙교민도龍宿郊民圖〉도 비슷한 경험을 제공한다. 남종산수화는 중국을 남북으로 가르는 양자강 이남의 풍경을 주로 그린 그림을 말한다. 〈용숙교민도〉는 높은 산 정상에서 내려다본 산하의 모습이다. 주변 산들의 능선이 이어진다. 땅을 좌우로 나누는 듯 거대한 강이 도도히 흐른다. 산과 강이 세상의 끝까지 이어질 듯하다. 집과 사람들이 보이고, 강에 띄운 긴 모양의 배도 있다. 하지만 우리가 산에 올랐을 때 경험하듯이 개미만큼이나 작다.

중국이나 한국의 수많은 산수화에서 쉽게 접할 수 없는 독특한 구도다. 우리에게 익숙한 산수화는 일상 공간인 세상에서 산을 올려다보는 시선이다. 하지만 이 그림은 산꼭대기에서 수많은 산등성이와 굽이굽이 이어지는 강을 한눈에 조망한다. 평소에 접하는 시야와 전혀 다르다. 이 그림이 주는 새로운 시각 경험을 자연을 넘어 세상과 인간을 향한 정신적 경험으로 확장하는 이가 바로 장자다. 고정관념의 족쇄를 끊고 발상을 전환하여 일상의 너머에서 세상을 보도록 한다. 미지의 세계로 나아가는 자유로운 정신을 담는다.

『장자』는 허무맹랑한 이야기에서 시작된다. 어슬렁거리며 노닌다는 뜻

동원, 〈용숙교민도〉 부분, 10세기

의 「소요유逍遙遊」 편으로 문을 열면서 괴상한 이야기를 꺼낸다. 장자에 관심이 없는 사람도 어디선가 들어봤을 '붕鵬'이라는 새에 얽힌 일화다. 어릴 때 '잡새가 붕새의 뜻을 어찌 알겠는가?'라는 말을 들어본 사람도 있을 것이다. 이 말은 장자에게서 시작된 다음 이야기에 유래를 두고 있다.

곤鯤이라는 물고기가 있다. 크기가 몇 천리인지 알 수 없다. 곤이 변하여 새가 되면 붕이라 한다. (…) 『제해齊諧』에서 "붕은 남녘으로 날아갈 때 물 위를 삼천 리나 달려야 날아오르고, 날개로 바람을 치면서 구만 리를 올라가야 항로를 잡는다. 육 개월을 날아 천지(남녘)에 도달해서야 쉰다."라고 했다. (…) 물의 깊이가 깊지 않다면 큰 배를 띄울 만한 힘이 없다. (…) 바람의 쌓임이 두껍지 않다면 큰 날개를 띄울 힘이 없다. 구만 리나 올라가면 바람이 그만큼 아래에 있게 되어 바람을 탈 수 있다. (…) 매미와 작은 새가 웃으며 말했다. "우리는 펄쩍 날아 나뭇가지에 오른다. 무엇 때문에 구만 리나 높이 올라 남녘까지 가는가?" 근교에 간 사람은 세 끼 밥만 먹어도 배가 부르다. 백 리 길을 가는 사람은 전날 밤에 양식을 준비한다. 천 리 길을 가는 사람은 석 달 동안 양식을 준비한다. 이 두 벌레가 무엇을 알겠는가?

붕 이야기로 무엇을 전달하고자 하는가? 급할수록 돌아가라 했으니 뒤쪽의 이야기부터 차근차근 접근해보자. 통념을 상징하는 매미와 작은 새의 조롱이 힌트를 준다. 그들은 아주 작은 노력만으로도 충분히 만족할 수 있다고 자랑한다. 뭐하러 힘들여 구만 리나 높이, 그것도 육 개월이나 나느냐고 비웃는다. 붕의 날갯짓은 비효율적일 뿐만 아니라 허황된 짓이다. 장자에게 쓸데없이 크기만 한 생각에서 벗어나 상식의 세계로 내려오라는 비판이다.

매미와 작은 새의 자부심, 붕에 대한 조롱은 두 가지로 나누어 살펴볼 수 있다. 하나는 작은 이해관계를 중심으로 하는 삶의 방식이다. 작은 지식이나 실용적 행동으로 충분하니 그 이상 고민할 필요가 없다는 생각이다. 다른 하나는 당장의 세부 격식이나 예의에 얽매이는 사고방식이다. 사회의 규범과 절차에서 벗어난 사고방식을 비정상으로 치부한다.

돈벌이의 늪에 빠진 잡새의 삶

첫째, 현실 욕구나 이해에 얽매인 삶의 방식부터 보자. 우리는 대부분 매미와 작은 새처럼 눈앞의 작은 이해 안에서 매일 살아간다. 특히 자신에게 이익을 주는가, 불이익을 주는가를 기준으로 세상을 본다. 오래전부터 고질적 현상이었던 듯하다. 여불위呂不韋는 『여씨춘추呂氏春秋』에서 이익에 온몸을 던지는 현실을 언급한다.

백성의 이익에 대한 태도는 마구 날아오는 화살의 빗발도 거슬러 가고, 번뜩이는 칼날 위도 밟고 가며, 사람의 피를 흘리고 간을 빼어서라도 이익을 찾는다.

장택단, 〈청명상하도〉 부분, 12세기 초반

『여씨춘추』는 제자백가 백과사전이자, 잡가의 대표 작품이다. 여불위는 상인 출신의 부자로 진나라의 재상이 되었다. 부에 대한 욕망을 숨기지 않는 상인임을 고려할 때 의아한 내용이겠으나, 인간 속성을 이기적이라고 여겼으니 생뚱맞지는 않다. 하지만 그가 보기에도 이익에 대한 세상 사람들의 집착은 지나쳤던 듯하다. 심각한 위험을 무릅쓰는 것은 물론이고, 타인의 생명을 빼앗는 한이 있어도 이익을 추구하니 말이다. 개탄의 심정이 느껴진다.

북송의 화가 장택단張擇端이 그린 〈청명상하도清明上河圖〉는 이익을 둘러싼 일상을 엿보게 한다. 북송 수도 변경의 모습을 6미터에 이르는 두루마리에 그렸다. 중국인들이 주저 없이 국보 1호로 꼽을 정도로 유명하다. 그 가운데 무지개다리로 불리는 홍교 주변을 그린 부분이다.

변경은 도시를 관통하는 하천이 대운하와 이어지면서 유통의 중심지가 되었다. 세상의 모든 사람이 모여들고 교외 곳곳이 저잣거리와 같다고 표현할 정도로 번성했다. 다리와 시장이 만나는 곳에 상인과 사람들이 뒤섞여 번잡스럽다. 당나라의 수도 장안에서 장사는 지정된 장소에서만 허용됐고, 통금 시간도 엄격했다. 하지만 북송의 변경에서는 24시간 장사를 할 수 있었다. 6,000개 이상의 상점이 있었다니 얼마나 번성했는지를 짐작케 한다.

거리에는 판매대와 의자를 갖춘 상점이 즐비하다. 가격을 흥정하고, 주점에서 술잔을 기울이는 사람들이 보인다. 다리도 좌판이나 바닥에 물건을 펼쳐 둔 노점상들로 넘친다. 어깨에 바구니를 걸고 손님을 찾아다니는 상인도 많다. 다리 위로 가마꾼들과 말을 탄 행렬이 엉키고, 다리 아래로

짐과 사람을 가득 실은 배가 통과하는 순간이 겹치면서 한바탕 소동이 벌어진다. 시장은 예나 지금이나 크고 작은 이익이 첨예하게 집약된 장소다.

현재 대도시 일상과 너무도 비슷하다. 현대인은 크고 작은 이해관계 속에서 살아간다. 특히 경제적 이익과 밀접하게 연관되어 있다. 학생들은 긴 세월을 학교와 학원, 수업과 숙제, 각종 시험의 굴레에서 벗어나기 어렵다. 툭 까놓고 말하자. 왜 공부하는가? 한국 현실에서 보자면 더 좋은 직업을 위해 소년과 청소년 시절에 겪어야 할 다양한 경험이나 인간관계를 포기한다.

취업과 무관하게 공부 자체에서 의미를 찾는 학생이 있을 수 있겠지만, 얼마나 극소수일지는 어렵지 않게 알 것이다. 마른 모래가 물을 빨아들이듯 왕성한 흡수력으로 인간과 세상을 만나는 시기에, 무려 15년 이상을 경제적 동기 안에서의 치열한 경쟁이라는 집단적 경험에 갇혀 살 때, 향후 삶에서 무엇이 마음을 지배할지는 뻔한 노릇이다.

20대 중후반에서 60세까지 30여 년은 직장이든 자영업이든 생활을 위한 돈벌이 늪에서 헤어 나올 수 없다. 중산층 생활 기반을 갖추었든, 빈곤에 허덕이든 사정은 비슷하다. 벌면 버는 만큼 소비 수준도 올라가기 마련이어서 일하고 또 일한다. 전업 주부라고 다를 바 없다. 남편의 승진과 자식의 성적이 핵심 의미가 되는 순간 경제적 이익으로 이어지는 사슬의 하나가 된다. 금전적 이해관계의 집합이 한 사람의 삶이 되어버린다.

"날아오는 화살의 빗발도 거슬러" 간다는 여불위의 말이 과장처럼 들리지 않는다. 돈·승진·신분상승에 도움이 된다면 건강과 인간성에 손상이 간들 망설이지 않는다. 40대 과로사 비율이 세계 1위를 달리는 이유는, 우선 장시간 노동의 강요에 있겠지만, 다른 한편으로 부를 향해 온몸을 던지는 우리 사고방식과 무관하지 않다. 재산 상속을 둘러싼 자식 간의 추악한 분쟁은 부 앞에서 인간성을 던질 준비가 된 우리의 자화상이다.

이익만 보장된다면 타인에게 피해를 주어서라도 욕심을 채운다. 합법과 불법의 경계선에서 아슬아슬하게 펼쳐지는 불안한 줄타기도 한다. 가격 담합은 범죄지만 장사나 사업에서 습관처럼 흔하다. 가정에서 일상적으로 사용하거나 먹는 것 가운데 가격 담합이 아니라면 이해될 수 없는 현상을 자주 접한다. 휴대폰 가격, 주유소 기름 가격 등은 물론이고 하다못해 학생 교복부터 치킨 등 배달 음식 가격에 이르기까지 어디를 가든 획일적으로 정한 것처럼 비슷하고 동시에 가격이 오른다.

세부 격식과 절차에 매몰되어 살다

둘째, 격식과 절차에 집착하는 현상도 마찬가지다. 여기에서 벗어날 때 문제아나 아웃사이더로 멸시 대상이 된다. 때문에 자기 검열을 통해 격식에서 벗어나지 않는 척이라도 한다. 격식과 예의, 절차의 강조는 춘추전국 시대의 대표적인 사고방식이기도 했다. 공자孔子는 『논어』에서 구체적 방법은 신경 쓰지 않고 막연하게 큰 생각만을 좇는 현실을 지적한다.

돌아가자! 돌아가자! 내 고장의 젊은이들은 뜻은 너무 크나 일에는 거칠고, 아름답게 겉모양을 이루기는 하였으나 일을 재량하는 방법은 알지 못한다.(「공야장公冶長」)

공자가 세상에 뜻을 실현해보려 여러 나라를 다니다 실패하고, 노나라로 돌아가 교육에 힘쓰겠다며 한 말이다. 그가 보기에는 구체적 방법이나 절차를 중시하지 않고, 너무 큰 생각에만 몰두해서 문제였다. 뜻만 크고 일에는 소홀하면 쓸모가 없고 그릇된 견해로 치우친다고 생각했다. 큰 것을 쪼개어 구체적 형식을 만들어낼 때 큰 생각이 초래하는 성급함에서 벗어날 수 있다. 뜻을 크게 세우기보다는 일을 실행하는 세부적인 방법에 주목한 것이다.

공자가 구체적인 격식과 절차를 중시하는 모습은 제사에 대한 태도에서 잘 드러난다. "임금이 큰 제사를 지낼 때 술을 땅에 부으며 강신을 빈 다음부터는 보고 싶지 않다."(「팔일八佾」) 공자는 노나라 임금의 제사 지내는 방법이 예에 어긋남을 비판한다. 임금의 큰 제사는 국가 시조의 묘에 지내는 제사를 말한다. 시조와 그 조상만을 합쳐 지내야 한다. 그런데 주나라까지 뿌리가 이어진다 하여 주나라 문왕을 함께 모셨으므로 예에 어긋난다는 것이다.

명대의 화가 구영仇英의 〈조두예용도俎豆禮容圖〉는 공자가 제사 절차를 얼마나 중시했는지를 잘 보여준다. 공자의 일생과 업적을 묘사한 《공자성적도孔子聖蹟圖》 연작의 일부다. 언뜻 무슨 상황인지 가늠하기 어렵다. 탁자 주변에 다섯 명이 모여 있다. 세 명은 손을 가지런히 모으거나 허리를 굽히고 있다. 한 명은 탁자 위의 그릇을 정돈한다. 음식을 담을 때 사용하는 그릇이 아니다. 아래가 좁고 긴 대 위에 그릇을 올려놓은 것으로 봐서 차례나 제사를 지낼 때 쓰는 그릇이다. 그런데 이상한 건 모두 짧은 머리의 어린아이라는 점이다.

為先代圖 魯襄公二十七年乙卯 孔子年六歲 為兒嬉戲 常陳俎豆禮容

구영, 〈조두예용도〉, 16세기

제목의 '조두組豆'는 제사 그릇을 의미한다. 제기를 가지고 놀며 예절 바른 용모를 보인다는 내용이다. 사마천司馬遷의 『사기史記』「공자세가孔子世家」편에서 공자의 어린 시절을 소개한 대목을 묘사한 것이다. "공자는 어려서 소꿉장난을 할 때, 늘 제기를 펼쳐놓고 예를 올렸다." 대여섯 살 때부터 제사용 기물을 늘어놓고 예절의식을 터득하고 익혔다는 내용이다.

제사를 극도로 중시하던 조선시대 관습도 공자와 유가의 직접적인 영향이다. 현대 한국인이라고 해서 사정이 크게 달라졌다고 보기 어렵다. 제사에 대한 집착은 많이 흐려졌지만 격식과 절차를 중심으로 한 예의는 여전히 맹위를 떨친다. 흔히 접하는 두 가지 예만 살펴보자.

우리나라는 세계 어느 나라보다 복장에 대한 격식이 엄격하다. 중학생과 고등학생은 반드시 교복을 입어야 한다. 성인이 되어도 크게 달라지지 않는다. 사무직 직장인이라면 거의 교복에 가까울 정도로 양복에 넥타이를 착용한다. 어떤 국회의원이 국회에 면바지를 입고 왔다는 이유로 선서를 받지 않고 소란을 일으키며 퇴장해버린 사례는 유명하다.

특히 나이로 유별나게 위계를 구분하고 격식을 차리도록 한다. 다양한 관계에서 격식을 강제하는 대표적인 장치가 나이다. 초등 · 중등 · 고등학교는 물론이고 대학에서도 불과 한두 살의 차이조차 엄격하게 나누어 처신하도록 강제한다. 직장 내에서도 중요하게 따진다. 신입사원을 모집할 때 나이가 몇 살이라도 많으면 사실상 결격 사유다. 조선시대 이후 상식으로 자리 잡은 유가적 가치 가운데 가장 뿌리 깊게 영향을 미치는 '장유유서'의 반영이다.

장자가 보기에는 격식이나 예의, 당장의 작은 이해관계에 얽매어 있을 때 한치 앞도 제대로 볼 수 없다. 하룻길만 생각하는 사람이 어찌 천릿길

　　　　　　　　　　　　　　　　　　　　　　그림으로 읽는 장자

을 떠나는 사람을 이해할 수 있겠느냐며 질타한다. "아침 버섯은 아침과 저녁을 알지 못한다. 쓰르라미는 봄과 가을을 알지 못한다." 짧게 사는 자가 오래 사는 자에 미칠 수 없다. 사고의 지평이 확장되려면 사고의 그릇이 커야 한다. 큰 지혜는 작은 지혜가 모여서 이루어지는 게 아니라 출발점 자체가 달라야 얻어질 수 있다는 통렬한 성찰이다.

자유의 날갯짓에는 고통이 따른다

붕 이야기는 황당할 정도의 스케일이나 추상적인 면 때문에 다양한 해석이 뒤따른다. 그중에 처세술의 일환으로 바라보는 시각이 장자와 가장 거리가 멀다. 한국사회에서 가장 널리 유포된 해석이다. 법가 사상을 집대성한 한비韓非의『한비자韓非子』에 나오는 다음 이야기의 연장선상에 있다. 초나라 장왕이 즉위한 지 삼 년이 되도록 법령을 내리거나 정무를 처리하지 않았다. 신하가 "남쪽의 새 한 마리가 삼 년 동안 날개치지 않고 날지도 않고 울지도 않습니다. 이 새의 이름은 무엇입니까?"라며 수수께끼를 냈다. 이에 왕이 말했다.

삼 년간 날갯짓을 하지 않는 것은 장차 날개를 크게 펼치려는 의도다. 날지 않고 울지도 않는 것은 백성의 동태를 살피려는 뜻이다. 한 번 날면 반드시 하늘을 가릴 것이고, 비록 울지 않았어도 한 번 울면 반드시 사람들을 놀라게 할 것이다.

반년이 지나 왕은 직접 정무를 돌보았다. 병사를 일으켜 제나라와 진나라를 격파하고 천하를 제패했다. 장왕은 작은 선행을 하지 않아 위대한 명성을 이뤘고, 능력을 타인에게 보이지 않아 큰 공을 세울 수 있었다는 이야기다. 붕 이야기는 왕의 성공적 통치술을 위한 소재다. 작은 일에 연연하지 말고 넓고 멀리 볼 때 큰 성공을 이룬다는 교훈이다. 눈앞의 일에 연연하는 사고방식을 가지면 큰 흐름을 놓치고 일을 그르친다. 맹수가 공격에 앞서 발톱을 숨기듯이 속내를 드러내서도 안 된다. 붕이 함부로 날거나 울지 않는 것은 큰 계획을 드러내지 않으려는 의도다. 모든 준비가 됐을 때 단번에 떨쳐 일어나 대업을 이루어야 한다.

현재 한국사회에서도 붕 이야기를 기업 경영전략이나 개인 처세술의 일환으로 해석하는 것이 유행이다. 서점에 나와 있는 장자 관련 책의 상당 부분이 그러하다. 장자가 다시 태어난다면 땅을 치며 통탄할 일이다. 개인의 지위 상승 욕구, 각 제후가 천하의 패자가 되려는 욕구를 비판한 장자의 문제의식을 훼손할 뿐만 아니라 거꾸로 세워놓는 짓이니 말이다.

그러면 장자가 붕 이야기를 통해 진정 전하고자 하는 메시지는 무엇인가? 먼저 앞에서 살펴보았듯이 보다 큰 시야와 새로운 발상을 가지라는 권고의 의미가 크다. 그런데 그 이상으로 중요한 메시지가 있다. 붕은 자유의 진정한 의미를 깨닫게 한다. 붕은 고정관념의 족쇄를 끊고 미지의 세계로 나아가는 자유로운 정신을 상징한다. 장자는 그 과정에서 반드시 겪게 되는 고독과 고통에 어떤 태도를 지녀야 하는가에 주목한다.

장자는 붕 이야기에 이어 "아지랑이나 먼지는 숨결에도 날린다."라고 했다. 지푸라기는 얕은 물에도 쉽사리 뜬다. 먼지나 지푸라기는 아주 작은 조건만 충족되면 움직인다. 그만큼 요란스럽고 어디로 날릴지 알 수 없다. 마찬가지로 작은 생각은 사소한 동기나 주변 영향에도 풀풀 흩날린다. 쉬운 만큼 얻을 것도 없다.

하지만 붕의 비상은 전혀 다르다. "바람의 쌓임이 두껍지 않다면 거기에 큰 날개를 띄울 힘이 없다." 그래서 붕은 바람이 충분히 쌓일 때까지 "물 위를 삼천 리나 달려야 비로소 날아오르고, 다시 날개로 바람을 치면서 구만 리를 올라가야 항로를 잡는다. 그대로 육 개월을 날아 천지에 도달한다." 새는 공기의 저항이 없을 때 비행을 하는 것이 아니다. 반대로 공기의 저항을 통해서야 비로소 창공으로 오를 수 있다.

중국에서는 원대한 꿈을 꾸고 굳은 의지를 품으라며 격려할 때 '붕정만리鵬程萬里'라는 휘호 문구를 단골로 사용한다. 붕새가 자리를 박차고 날갯짓을 하면 만 리를 날아가는 것처럼 웅대한 전망을 가지라는 취지다. 그림과 글을 구분하지 않았던 동양화 전통과 마찬가지로 보통은 그림과 함께 문구를 사용한다. 붕에 얽힌 문구이니 당연히 그림에 새가 등장한다. 이때 주로 쓰이는 새의 모양이 매와 독수리다.

중국의 옛 화가 중에 매 그림으로 유명한 이가 원나라의 장순자張舜咨다. 노송나무 위의 매를 그린 〈응회도鷹檜圖〉가 대표작에 속한다. 제법 큰 나뭇가지 위에 서서 먼 하늘을 응시하는 한 마리 매가 보인다. 나뭇가지에 발톱을 박고 위풍당당하게 서 있는 모습이나 무엇이든 뚫을 듯 날카로운 부리에서 위엄이 느껴진다. 매의 범접하기 힘든 위세가 붕의 이미지를 드러내기에 적합하다고 여겨 붕정만리 그림에 자주 사용한 듯하다.

매나 독수리처럼 큰 새일수록 바람의 쌓임이 두꺼워야 하고, 더욱 힘찬

장순자, 〈응회도〉, 13세기

날갯짓을 해야 한다. 비행기의 비상을 생각해보면 이해하기 쉽다. 활주로를 전속력으로 달려서 날개 밑으로 충분히 공기의 저항이 쌓였을 때 그 무거운 비행기 동체가 중력의 힘을 거스르고 땅 위로 뜬다. 새가 날갯짓을 할 때도 아래로 바람을 치지 않으면 오르지 못한다. 붕처럼 큰 새는 그만큼 충분히 바람을 치고 높이 날아올라야 제 위치를 잡는다.

인간사회 현실도 마찬가지다. 자유를 향한 비상은 저항에 직면한다. 통념은 강력한 관성의 힘은 물론이고 수면 아래 감춰진 폭력의 힘으로 무장되어 있기 때문이다. 어느 시대나 사회를 막론하고 통념은 지배집단의 이해를 노골적으로 반영하기 마련이다. 학문, 규범, 속담, 대중가요, 하다못해 동화에 이르기까지 전 생애에 걸쳐 촘촘하게 의식을 지배한다. 사회가 강제하는 규범과 제도는 자유로운 비상을 가로막는 저항으로 작용한다. 규범이나 제도가 허용하는 범위를 넘어서 날아오를 때 사회적 비난이나 물리적 처벌에 직면한다.

우리는 대체로 저항을 불편하게 여기거나 두려워하며 기피한다. 직장에서 부당한 상황을 마주할 때 선뜻 거부하지 못한다. 예를 들어, 커피 심부름을 시키거나 퇴근 시간을 넘겨 일을 시킬 때, 불만스러워하더라도 실제 행동은 순응으로 나타난다. 거부할 때 혹시 모를 저항, 즉 직장 생활에서의 불편함이나 승진에서의 불이익 등에 두려움을 느끼기 때문이다.

사회적으로 나타나는 부조리나 부정에 대해서도 마찬가지다. 불심검문을 비롯해 공권력의 부당한 사용에 순응하는 이유도 항의하거나 거부했을 때 뒤따를 수 있는 저항, 즉 연행이나 위협이 두렵기 때문이다. 변명이나 심리적 알리바이도 대충 마련해둔다. '똥이 더러워서 피하냐, 무서워서 피하지!'라는 가장 편한 말로 도망가버린다.

현실의 저항을 기피해야 할 대상으로 여기는 순간 고정관념에서의 탈피는 물론이고 부조리한 상황에서 벗어날 기회는 없어진다. 바람이나 공기가 없는 무중력 공간에서 새나 비행기는 속절없이 추락해야 하듯이 끝없이 순종의 삶을 살아야 한다. 장자의 붕이고자 한다면, 진정 자유로운 인간이고자 한다면, 저항에서 오는 고통을 감수하며 무소의 뿔처럼 혼자 가야 한다. 삼천 리를 달리고 날아야 한다.

세상에 무수히 깔린 잡새와 달리, 누구의 도움도 없이 스스로 날갯짓을 해야 한다는 점에서 자유는 고독하다. 한 번의 날갯짓으로 단박에 도달할 수 없고, 비상을 위해 물 위를 달리고 다시 부단히 바람을 치며 올라야 한다는 점에서 자유는 고통스럽다. 그러므로 통념을 깨는 새로운 발상은 곧 자유이자 고통일 수밖에 없다.

인간관계에서의 고립과 비정상적 인간이라는 배척을 각오하고, 심할 경우 국가에 의한 물리적 통제와 처벌까지 감수해야 한다. 현재 자신이 진정 자유롭다고 생각하는 사람이 있다면, 스스로에게 한번 물어보자. 충분한 고독과 고통 속에서 스스로 자유를 깨닫고 체현했는지를 말이다. 만약 아니라면 그 자유는 감히 말하건대, 가짜다.

꼭 사회적 의미를 갖는 거창한 자유에 대한 이야기로 이해할 필요는 없다. 이것은 우리 모두가 살아가면서 늘 마주치는 선택의 문제다. 누구나 몇 차례 인생의 갈림길이 있기 마련이다. 가장 전형적으로는 청소년 시기에 진학을 둘러싸고 대학을 갈지 아니면 다른 전망을 모색할지를 고민한다. 20대 중반이면 어떤 분야로 취업할지를 놓고 갈등한다. 인생의 반려자에 대한 선택도 꽤 고민스러운 문제다.

어떤 기준을 갖고 선택의 갈림길에 서는가? 사람마다 차이는 있겠지만 폭이 그리 넓지는 않다. 대부분의 사람이 공통이라 해도 과언이 아닐 만큼 비슷한 기준을 갖고 발을 내딛는다. 보통 마음속 선택의 나침반이 편안함과 안전으로 향한다. 진학이나 취업에서 조금이라도 생활 안정에 도움이 되는 방향이 중심이 된다. 사랑의 감정보다 안정된 가정이라는 조건을 당연하게 여긴다. 그 결과 마음을 충만하게 하는 적성이나 꿈은 뒷전이 되고, 감정을 설레게 하는 기회도 사라진다.

조금 더 넓히면 일상에서 매순간 마주치는 선택의 문제이기도 하다. 불안에서 벗어나, 당장의 편안함과 위안을 누리려 한다. 예를 들어, 하루 일과가 끝나고 자기 공간에서 혼자 있는 시간이 외로움이라는 고통으로 다가온다. 이러다 고립되는 게 아닌가 하는 불안이 엄습한다. 그렇기 때문에 어떤 이유든 만들어서 다른 사람들과 만나려 한다. 설사 그저 그런 사람이라 하더라도 떠들며 시간을 죽인다. 하다못해 TV라도 틀어놓거나 휴대폰을 만지작거린다. 그러는 사이에 자신과의 대화와 성찰, 내적인 자기계발은 멈춘다. 나를 둘러싼 시간과 공간에서 타인과 대중매체가 주인 행세를 한다.

인생의 갈림길에서 꿈과 감정을 내려놓는 사람에게는 자유도 없다. 일상의 시간과 공간에서 주인이 아닌 사람에게 자유는 자기의 흔적을 보여주지 않는다. 장자의 붕은 그리 멀리 있는 게 아니다. 살아가면서 마주치는 진학과 취업 등 몇 차례 갈림길, 보다 가깝게는 일상에서 만나는 선택의 순간에 슬쩍 날개를 보여준다.

개인에게 자유는 주변 조건과 통념에 묶여 전전긍긍하는 굴레에서 벗어나는 데서 시작한다. 자유롭게 판단하고 하고 싶은 일을 하려는 시도는 일종의 도전이다. 언제나 도전은 예상치 못한 돌발 상황과 만나고 시행착오를 겪을 가능성을 갖고 있다. 편안함과 안정만을 선택의 기준으로 삼던 관성에서 벗어나, 불안과 위험을 적이 아니라 내적인 벗으로 여길 때 붕이 날갯짓을 하는 소리가 들린다.

자유는 안전과 편안함 속에서는 자취를 감춘다. 붕의 자유는 위험과 함께 비상한다. 자유는 수렁처럼 깊은 불안을 직시하며 날갯짓을 한다. 자유는 언제나 나와 함께할 것이라 생각했던, 가장 가까운 사람들이 등을 돌려 떠나는 아픔을 동반한다. 사회적인 접촉면을 넓게 갖는 자유라면 더욱 그러하다. 김수영의 시 〈푸른 하늘을〉은 자유의 속살을 우리에게 슬쩍 비추어준다.

푸른 하늘을 제압하는

노고지리가 자유로웠다고

부러워하던

어느 시인의 말은 수정되어야 한다

자유를 위해서

비약하여 본 일이 있는

사람이면 알지

노고지리가

무엇을 보고

노래하는가를

어째서 자유에는

피의 냄새가 섞여 있는가를

혁명은

왜 고독한 것인가를

혁명은

왜 고독해야 하는 것인가를

이름과 명예의 덫에서
빠져나오다

사람은 죽어서 이름을 남긴다?

어려서부터 꽤 자주 듣던 말이 있다. 특히 성장기의 소년이나 청소년에게 어른들이 흔히 던지는 권고다. "호랑이는 죽어서 가죽을 남기고, 사람은 죽어서 이름을 남긴다." 영어를 배우며 단골로 듣던, "소년이여, 야망을 가져라!Boys, Be Ambitious!"라는 말과 거의 쌍을 이룬다. 남들이 부러워할 만큼 큰 성공을 거두고 유명해진다는 점에서 일맥상통한다.

이름을 남길 정도로 성공해야 훌륭한 삶이라는 말을 삶의 기치로 삼아 꿈을 꾸는 사람이 많다. 이삼십 년 전까지는 초등학생에게 장래희망을 물으면 대통령이 되겠다는 당찬 포부를 심심치 않게 들었다. 주위 어른들은 머리를 쓰다듬으면서 '암, 그래야지!'라며 뿌듯한 웃음을 지었다. 다분히 전통사회의 발상이 묻어난 현상이다.

요즘에는 '이름'의 번지수가 좀 달라졌다. 언론이나 교육기관에서 청소

그림으로 읽는 장자

염립본, 〈역대제왕도〉 부분, 7세기

년 설문조사를 하면 희망직업 최상위권에 연예인이 들어간다. 대여섯 중에 한 명꼴로 가수, 배우, PD 등 엔터테인먼트 분야를 선택한다. 한국에 아이돌 문화가 자리 잡은 이후, 연예인 지망 청소년을 약 백만 명으로 추산할 만큼 구체적인 전망이 되었다. 최근에는 유명 유튜버까지 가세하면서 유명해지고자 하는 열망이 더욱 커졌다. 교육부 조사에서는 초등학생 희망직업 3위로 꼽혔다. 대표적인 취업 포털의 '유튜버 도전 의향' 조사 결과 성인 63퍼센트가 꿈꾼다고 나왔다. 일반 직장인, 나아가 변호사, 약사, 아나운서 등 전문직에서도 도전이 늘어나는 추세다.

현대는 이름을 알릴 영역이 상대적으로 많다. 하지만 옛날에는 시민사회가 제대로 형성되지 않았기에 정치적인 성공으로 제한됐다. 제후가 되거나 고위 관직 진출 이외에 달리 방법이 없었다. 영웅으로 추앙받든 악명을 떨치든 입신양명이 유일한 길이었다. 당나라 초기의 정치가이자 화가인 염립본閻立本의 〈역대제왕도歷代帝王圖〉에 묘사된 인물들처럼 말이다.

이 그림 속 인물들은 각각 영웅과 부덕한 왕으로 역사에 이름을 떨쳤다. 왼쪽의 남북조시대 북주 제3대 황제 우문옹은 국력을 크게 발전시켰다. 백성에게 군역을 부과하여 군사력을 강화하고, 토지 분배와 수리 시설의 확대로 농업을 발전시켰다. 그리고 경쟁국이던 북제를 정벌했다. 반대로 오른쪽의 진나라 제5대 황제 진숙보는 정무에 게을렀다. 그는 대규모 궁궐을 짓고 진귀한 물건으로 가득 채웠다. 결국 수나라의 침략에 제대로 싸워보지도 못하고 멸망을 초래했다.

상반된 평가를 받지만 모두 이름을 세상에 널리 알리고자 했다. 그들을 사로잡는 것은 업적과 명예다. 진숙보도 으리으리하고 화려한 궁궐을 지어 위상을 드높이고자 했으리라. 이는 역사에 이름을 남긴 소수 영웅만의 특징이 아니다. 정도의 차이는 있지만 보통 사람들의 마음 안에 똬리를 틀고 있는 욕망이기도 하다. 작게는 자신이 속한 직업이나 지역에서 크게는 국가에 이르기까지, 짧게는 당대에서 길게는 역사에서 이름이 알려지기를 원한다. 장자는 이름과 명예의 덫에 걸려 있는 우리에게 새로운 발상을 주문한다.

그러므로 지혜는 한 가지 벼슬을 감당할 만하고, 행실은 한 고을에서 뛰어나고, 덕은 한 임금을 모시기에 합당하고, 능력은 한 나라의 신임을 받을 만한 사람도 자신을 보는 눈은 역시 이 작은 새와 같다. 그런데 송영자는 그런 사람들을 보며 픽 웃었다. 그는 온 세상이 칭찬해도 신나지 않고, 비난해도 기죽지 않았다. 자신과 일의 분수를 알고 명예와 치욕의 한계를 분별했기 때문이다. 그는 세상일에 급급하지 않았다. 그렇지만 완전하지 못한 점이 있다. 열자는 두둥실 바람을 타고 다녔다. 한번 나서면 십오 일 만에야 돌아왔다. 그러나 바람이 순조로운지 여부에 마음 졸이지 않았다. 그는 비록 걸어 다니는 일은 면했어도 아직 의지하는 데가 있는 것이다. 만약 하늘과 땅의 참모습을 타고 날씨의 변화를 부림으로써 무궁함에 노니는 사람이 있다면, 더 이상 어디에 의지하는 데가 있겠는가? 그러므로 지극한 사람은 자기가 없고, 신 같은 사람은 이룬 공이 없고, 성인은 이름이 없다.(「소요유」)

장자는 세 가지 경향을 비판한다. 하나는 작은 새로 비유된 유가, 다른 하나는 송영자宋榮子로 대변되는 묵가, 마지막으로 열자로 나타나는 기존 도가다. 우리 대부분의 시각은 작은 새, 즉 유가의 사고방식이다. 지혜 · 능력 · 덕을 갖춘 사람이라면 그만한 위치에서 역할을 하고자 한다. 벼슬 · 고을 · 임금 · 나라로 신임이 나아가는 것은 점차 큰 단위에서 인정을 받는다는 의미다. '자신을 보는 눈'이란 이러한 과정에 자기를 일치시키는 것이다. 이 틀에서 벗어날 때 불안하고 두려워한다. 장자는 이를 좁은 시야 안에 갇혀 있는 작은 새와 같다고 지적한다.

우리 일상도 크게 벗어나지 않는다. 학생은 성적으로 이름을 얻고, 직장인은 빠른 승진으로 샐러리맨의 신화가 되고자 한다. 임원 명단에 오르기를 학수고대하며 시간과 에너지를 쏟아붓는다. 사업가도 몇 대 부자, 몇 대 기업 안에 올라 명성을 누리려 한다. 이를 위해 불법, 탈법 행위를 동원하는 일조차 드물지 않다. 정치인은 지역이든 전국이든 가슴에 배지를 달고자 한다. 수직으로 서 있는 신분상승의 사다리를 하나하나 오르는 일이 인생 목표가 된다. 그리하여 세상의 인정을 받고 이름이 알려지길 갈구한다. 이 대열에서 벗어나려 하면 패배자나 세상 물정 모르는 사람 취급을 받기 일쑤다.

관직을 얻어 이름을 알리려는 유가

우리의 사고방식은 공자가 『논어』에서 밝힌 다음 시각과 연관이 깊다.

후배들은 두려운 존재이니, 장래 그들이 오늘 우리만 못할 것임을 어찌 알겠는가? 그러나 사십이나 오십이 되어도 이름이 알려지지 않는다면, 두려워할 게 못 되는 사람이다.(「자한子罕」)

자신의 업적과 이름은 후배들에게 위협받을 수 있다. 학문이든 정치든 뒤에 오는 사람은 앞선 사람의 노하우나 한계를 검토할 수 있다. 그러므로 일가를 이루었다고 해서 계속 이어진다는 보장은 없다. 언제든 추월당할 수 있다. 후배의 능력과 됨됨이는 어떻게 알 수 있는가? 나이가 사십에서 오십 정도가 됐을 때도 이름이 세상에 알려지지 않은 사람이라면 걱정할 게 없다. 그만큼 뛰어날 가능성이 별로 없음이 세상에 의해 검증되었기 때문이다.

공자가 보기에 '뛰어남'은 사람들의 인정으로 확인된다. 뛰어나면 소문을 타고 이름이 알려진다. 벼슬을 얻어 이름을 알리지 못했다면 선비로서 충실하지 못한 사람이다. 공자는 스스로도 관직 진출을 위해 적극적으로 노력했다. 자공이 "아름다운 옥이 여기 있는데, 궤 속에 넣어 감추어 두시겠습니까, 좋은 상인을 찾아 파시겠습니까?"라고 묻자 공자는 "팔아야지, 팔아야지! 나는 상인을 기다리는 사람이다."라고 답했다. 자공이 옥으로 비유하여 벼슬하려는 의지를 물어본 것이다. 공자는 팔아야 한다는 말을 두 번이나 강조한다. 공자는 스스로 여러 왕 앞에서 유세했고 크게 쓰이기를 염원했다.

유세란 군주 앞에서 정치적인 방향이나 지략을 펼쳐 인정받는 행위다. 군주에게 뜻이나 실력을 인정받으면 보통 관직과 영지를 하사받아 정치가로서 이름을 널리 알릴 수 있었다. 공자는 무려 14년에 걸쳐 천하를 주유하며 여러 나라 군주 앞에서 유세를 펼쳤다. 하지만 변변한 관직에 오르지는 못했다.

청대 궁정화가 초병정焦秉貞의《공자성적도》일부인 〈안영저봉도晏嬰沮封圖〉는 유세와 관직을 둘러싼 공자의 여러 사례 중 하나를 묘사한다. 그림 제목은 '안영이 영지를 봉하는 것을 방해하다'라는 뜻을 담고 있다. 오른쪽으로 무장의 호위를 받는 군주 앞에서 고위직 신하가 무릎을 꿇고 간언

초병정, 〈안영저봉도〉, 18세기

을 하는 중이다. 왼쪽으로는 공자가 소가 끄는 수레를 타고 제자들과 길을 떠난다. 『사기』에 나온, 공자가 제나라에서 겪은 일화를 담은 그림이다. 왕이 나라를 다스리는 방법을 묻자 공자가 말했다. "정치의 요점은 재물을 절약하는 데 있습니다." 왕은 기뻐하며 영지와 중요 관직을 주려 했다. 그러자 제나라 대신인 안영이 반대했다. "유학자는 도처에 유세 다니며 관직이나 후한 녹을 바라니 나라의 정치를 맡길 수 없습니다." 안영의 말을 들은 왕은 "그대를 등용할 수 없소이다."라고 했고, 공자는 제나라를 떠났다.

이름과 명예를 중시하는 경향은 중국이나 동양만의 고유한 사고방식이 아니다. 사람들은 세상에 이름을 알리기 위해 수단과 방법을 가리지 않았다. 전통사회에서 왕은 왕권을 강화하여 후대에 길이 업적을 남기고자 했다. 이를 위해 선대왕을 죽이기도 하고, 걸림돌이 될 형제들을 죽이기도 했다. 무장은 명장으로 알려지기 위해 전쟁터에서 수만 명에서 수십만 명에 이르는 상대방 군인과 민간인을 죽이는 일에 눈 하나 깜빡하지 않았다.

게다가 많은 이에게 인정받고 이름을 알려야 한다는 공자의 논리는 인간의 자연스러운 욕망에 머물지 않는다. 공자와 유가는 이름을 남기기 위한 노력을 인간으로서 마땅히 해야 할 사회적 도덕률로 전파했다. 역사적으로 지배세력은 국가 이익을 우선하도록 요구했다. 고대국가에서는 전쟁 영웅과 충신으로 이름을 남기는 것을 고귀한 가치로 여기게 만들었다. 표면적으로는 인간이 지니는 자연스러운 본성이나 자발적 덕과 용기를 다루는 것 같지만, 본질적으로는 국가와 지배세력의 이해를 앞장서 대변하고 있다. 장자의 비판은 유가를 비롯해 춘추전국시대의 많은 사상이 가진 억압적 성격을 향했던 것이다.

자발적 희생이라는 한계에 빠진 묵가

장자의 비판은 유가와 우리의 시각에 머물지 않는다. 이름과 평판에 급급하지 않았던 송영자도 비판한다. 그는 묵자墨子의 묵가 경향으로 알려진 인물이다. 송영자와 묵가는 "정수리부터 발꿈치까지를 모두 갈아서라도 천하에 도움이 된다면 기꺼이 하리라. 몸을 가릴 만큼만 입고 굶지 않을 만큼만 먹으며 노예들과 어울릴지언정 관직 따위는 구하려 하지 않을 것이다."라고 한 『묵자』의 정신을 이어받고자 했다. 귀족의 호의호식을 비난

이당, 〈채미도〉, 12세기

하고 근검과 절약을 중시했다. 전쟁을 죄악으로 여겼고, 신분제도와 차별적 질서를 옹호하며 이름을 떨치려는 유가나 법가를 비판했다. 또한 왕에게 능력을 보여 관직에 진출하는 행위를 경멸했다.

관직으로의 진출에 초연한 태도를 지녔던 그였지만, 장자가 보기에는 집착하는 태도에서 벗어나지 못하고 있었다. "묵가의 제자들은 자기네 스승을 성인이라 하며, 모두가 후세에 묵가의 후계자가 되기를 바라는 상태가 지금까지도 끊이지 않고 계속되고 있다."(「천하天下」) 벼슬에 급급해하지는 않지만 여전히 이름과 명예에 집착한다. 성인으로, 묵가 후계자로 불리기를 바라기 때문이다.

장자는 또 다른 면에서 묵가의 한계를 지적한다. "그들은 지나칠 정도로

그림으로 읽는 장자

남을 위했고, 자신을 위하려는 생각은 극히 적었다." 차별을 없애고 천하
에 도움이 된다면 정수리부터 발꿈치까지를 모두 갈겠다는 묵가의 문제
점을 지적한다. 남을 위하려는 생각만 있었지 자신은 거의 돌보지 않았다
는 것이다. 이것은 어떤 점에서 의지하거나 매인 데가 있는 것일까?

> 백이는 수양산에서 명예를 위해 죽었다. 도척은 이익을 위해 죽었다. 두
> 사람이 죽은 방법은 달랐지만, 자기 삶을 해치고 자기 본성을 손상시킨
> 점에 있어서는 같다.(「변무騈拇」)

사마천의 『사기』에 의하면 백이와 숙제는 왕자였다. 선왕은 숙제에게

왕의 자리를 물리겠다는 말을 남겼다. 숙제는 형을 두고 왕이 될 수 없다며, 백이는 아버지 말씀을 어길 수 없다며 사양했다. 마침내 둘은 자기 나라를 떠나 주나라를 찾았으나 불의한 전쟁을 일으키려는 무왕의 신하가 될 수 없다며 수양산에서 고사리를 캐어 먹고 살다가 굶어 죽었다.

'남송 4대 화가'로 불리는 이당李唐의 〈채미도採薇圖〉는 이 상황을 보여준다. 두 사람이 고사리를 캐다 대화를 나눈다. 소나무 아래에서 지긋한 눈빛으로 응시하며 이야기를 듣는 사람이 백이다. 한 손으로 땅을 짚고 한창 이야기를 하는 이가 숙제다. 고사리를 캐는 데 쓰던 작은 바구니와 호미도 보인다. 소나무는 항상 푸르른 나무여서 선비의 변치 않는 지조와 절개를 상징한다. 백이의 날카로운 눈빛에서 불의에 대한 저항과 굳은 의지가 느껴진다.

예로부터 백이와 숙제의 행동은 의롭게 여겼다. 하지만 장자는 자신의 생명을 보전하려는 본성조차 가볍게 던지는 희생을 무조건 정당하게 여겨서는 안 된다고 보았다. 자기 '희생'을 전제로 한다는 점에서 여전히 매인 데가 있다. 물론 역사에 이름을 남겨야 한다는 도덕률 아래의 희생과는 다르다. 도덕률은 사회적 요구라는 점에서 강제된 선택이다. 이에 비해 묵가의 '희생'은 벼슬의 추구와는 구별되는, 이름과 명예를 위한 자발적 희생이다. 하지만 자발성이라는 명목으로 타인에게 사실상 희생을 요구하는 것이기도 하다.

개인의 희생으로 다수 혹은 사회가 개선될 수 있지만 궁극적으로는 이조차 개인과 사회를 분리하는 분별의 사고가 남아 있다. 그러면 장자의 문제의식이 사회에서 벌어지는 차별이나 억압에 완전히 무관심해져서 홀로

그림으로 읽는 장자

고립된 삶을 살아야 한다는 것일까? 만약 그러하다면 애초에 묵자에 대해 나름대로 긍정적 평가를 할 이유가 없다. 완전하지는 않다는 차원에서 조심스럽게 지적할 필요도 없다. 장자의 문제의식은 사회 변화를 실천하는 노력을 부정하는 것이 아니다. 개인의 희생을 당연하게 여기는 사고방식을 넘어서라는 것이다. 차별과 분별을 넘어서되, 변화하는 사회와 개인이 함께 행복해지는 방향이어야 한다.

여전히 자연의 규율에 의지하는 도가

장자의 비판은 도가를 대표하는 열자로도 향한다. 열자는 바람을 타고 다녔고, 바람의 상태에 대해서도 마음 졸이지 않았다고 할 정도로 세상사에 매어 있지 않았다. 한번 나서면 15일 만에야 돌아왔다는 말도 일상의 규칙이나 관습에서 벗어나 자유롭게 살았음을 의미한다.

명대의 화가 장로張路의 〈열자도列子圖〉는 열자의 특징을 회화적으로 보여준다. 땅을 그리지 않고, 열자를 나무 위에 그려서 바람을 타는 모습 그대로다. 바람이 부는 상황을 한쪽 방향으로 쏠려 있는 나무와 옷자락으로 표현했다. 열자의 시선은 출렁대는 나무로 향한다. 나무든 바람이든 자연의 순리와 직접 연관된다. 우리는 흔히 물 흐르는 대로 산다는 말을 한다. 비슷한 뜻으로 이해하면 될 일이다. 열자는 물이 흐르는 대로, 바람이 부는 대로 순응하며 산다.

열자는 일반 사람이나 유가의 사고방식은 물론이고 송영자의 자유도 넘

장로, 〈열자도〉, 16세기 초반

어서, 신선에 가까운 경지에 도달한 인물로 잘 알려져 있다. 열자는 노자의 도가 사상을 많이 담고 있다. 『열자』의 다음 내용에서도 알 수 있듯이 그는 이름을 중시하는 사고방식을 경멸했다.

한때의 비난과 칭찬을 중히 여겨서 자기의 마음과 몸을 애태우고 괴롭히면서까지 죽은 후에 몇 백 년 동안 남게 되는 명성을 추구한다고 이것이 어찌 죽은 사람의 뼈를 윤택하게 할 수 있겠는가? 이렇게 사는 것이 무슨 삶의 즐거움이 있겠는가?

마치 노자를 흠모했던 이백李白의 시 〈양양가襄陽歌〉 중 한 대목을 보는 듯하다. "그대 보지 못했는가, 진나라 양공의 한 조각 비석. 귀두 떨어지고

그림으로 읽는 장자

이끼 돋움을! 그를 위해 그 누구 눈물지으며, 그를 위해 그 누구 슬퍼해주리. 청풍명월은 돈 한 푼 안 들이고 살 수 있나니. 옥산이 무너지도록 술을 마시리."

고장을 잘 다스려 민심을 크게 얻은 진나라의 양공이 죽자 백성들은 이름을 영원히 남기고자 사당과 비석을 세웠다. 비석을 바라보며 눈물을 흘리지 않은 사람이 없었다. 하지만 세월이 흘러 사당은 다 없어지고 비석을 받치던 거북이 조각의 머리도 떨어져 나갔다. 잡풀이 자라나고 이끼만 가득해서 어느 한 사람 기억하거나 슬퍼해주지 않았다. 이름을 남기는 것은 이토록 허망하다. 그러니 모든 것을 비우고 자연을 벗하여 술을 마시면 삶의 즐거움을 찾을 수 있다는 의미이다.

열자는 텅 빈 상태를 근본으로 삼아야 한다고 생각했다. 장자가 보기에 열자는 기본적으로 일반 사람이나 유가의 작은 새 시야에서는 벗어났다. 그럼에도 장자는 열자가 아직 의지하는 데가 있다며 한계를 지적한다. 어떤 점에서 한계가 있고, 장자와 구분될까?

장자가 보기에 열자가 의지하는 것은 자연의 규율이다. 열자는 인간 세상에서 벌어지는 온갖 분별과 차별에서 완전히 초월한 상태에 이르렀으나, 이번에는 자연의 법칙만 기준으로 삼는다. 아무런 말이나 행위도 하지 않을 정도의 무위 상태이니 인간의 정신조차 필요 없다. 만약 이러한 상태의 무위라면 새나 다람쥐와 같은 동물이 가장 일치할 것이다. 동물만큼 자연의 법칙 아래 사는 존재는 없을 테니 말이다. 하지만 동물은 아무런 인위도 없는 대신 자연의 속박 안에 살아간다. 열자가 곧 동물은 아니겠으나, 자연의 법칙만을 따른다면 이 역시 의지하는 바가 있는 것이다.

이름도 없고 의지하지도 않는 자유의 경지

열자와 장자의 차이는 어디에 있는가? 어디에도 의지하지 않고 이름도 없는 장자의 경지가 진정으로 의미하는 바는 무엇인가? 열자가 자연의 법칙에 매어 있다는 비판을 곧바로 장자의 도道가 자연의 원리와 무관하다고 연결시켜서는 안 된다. 『장자』에서는 도를 자연에 비유하는 경우를 어렵지 않게 볼 수 있다. 문제는 열자가 인간 정신과는 무관하게, 어떤 면에서는 정신과 대립되는 의미에서 자연의 규율을 설정하고 의존하는 데 있다.

장자에게 무궁함에 노니는 사람은 "하늘과 땅의 참모습을 타고 날씨의 변화를 부림"으로써 가능해진다. 자연의 변화에 무조건 따르는 것이 아니다. 중요한 것은 하늘과 땅의 '참모습正'이다. 겉으로 드러난 모습이라면 시각 · 청각 등 감각을 통해 확인하면 될 일이다. 낮과 밤의 구분, 봄 · 여름 · 가을 · 겨울의 구분은 감각을 통해 얼마든지 알 수 있는 외적 현상이다. 장자가 강조하는 것은 그러한 외적인 모습이 아닌 '참모습'이다. '참모습'이기에 정신을 통해 알고 체현하는 과정이 필수적이다. 즉 정신의 작용이 함께 가야 가능하다. 그러한 의미에서 장자에게 하늘과 땅은 우리가 직접 감각을 통해 일상적으로 접하는 자연계에 근거하되 여기에 머물지 않는다. 정신과의 상호작용 속에서 정립된 개념이다.

또한 단순히 날씨 변화를 무조건 따르는 것도 아니다. 날씨 변화를 '부림御'으로써 무궁함에 노닌다. 날씨 변화에 따르기만 한다면 수동적으로 의지하는 경향일 뿐이다. 날씨 변화를 '부린다'거나 '다스린다'는 것은 순응에 머물지 않는 주체적인 작용을 의미한다. 그렇기 때문에 도는 고정된 법칙 안에 고착되어 있지 않고, 인간의 정신에 근거한 주체적 작용까지 포함된다. 장자는 노자와 열자에게서 나타나는, 감각으로 확인할 수 있는 자연의 법칙에 의존하는 투박하고 소박한 기존 도가의 사고 지평을 넘어서고자 했다.

지극한 사람은 자기가 없고, 공이 없고, 이름이 없다는 장자의 말을 세상의 이해관계에서 벗어나 어디 얽매이는 데 없이 안빈낙도, 유유자적의 분리되고 고립된 삶을 추구하는 것으로 이해하는 그릇된 해석에 유의해야 한다. 이는 장자가 아니라 오히려 장자가 넘어서려 했던, 노자나 열자의 도가에 머무는 잘못을 범하는 오류다.

흔히 자신을 한없이 낮추고 또 낮추는, 비우고 또 비우는 무심의 경지로 장자를 이해하곤 한다. 하지만 장자의 자기도 없고 이름도 없는 경지는 세상에서 벗어난 혼자만의 고립된 만족이 아니다. 그것은 자기 안에서 세상을 실현하고, 동시에 세상 속에서 자신을 실현하는 데로 향한다. 세상의 변화에 실려 가지도 않고, 반대로 세상을 변화 대상으로만 보지도 않는다. 자기와 세상이 이미 하나이고, 함께 변화한다.

어슬렁거리며 노니는
일상을 살다

낚싯대를 드리우고 한가하게 세월을 낚다

장자와 관련하여 대부분의 사람이 가장 먼저 연결시키는 말이 무위자연이다. 학창 시절 교과서에서도 상세한 내용 없이 달랑 인위와 무위 개념만 언급된다. 몇 차례 시험을 보고 나면 자연스럽게 답으로 기억된다. 성인이 되어 장자 해설서를 한두 권 읽었어도 사정은 크게 다르지 않다. 좀 더 구체적인 내용이 실렸을 뿐, 억지로 무엇을 하지 않고 순수하게 자연의 순리에 따르는 삶을 다시 한 번 확인하는 수준에 불과하다.

보통 무위자연은 유유자적이라는 단어와 함께 쓰인다. 여유가 있어 한가롭고 걱정이 없다는 의미다. 속세를 떠나 아무 속박 없이 조용하고 편안하게 살아가는 상태다. 예부터 중국이나 조선의 많은 화가나 시인들은 무위자연과 유유자적의 이미지를 홀로 낚시를 하는 광경에서 즐겨 찾았다. 혼탁한 세상에 대한 뜻을 버리고 홀로 자연 안에서 초연하게 살아가는 선

마원, 〈한강독조도〉 부분, 12세기

비의 모습을 화폭에 담거나 시를 지어 노래했다.

　남송을 대표하는 화가 마원馬遠의 〈한강독조도寒江獨釣圖〉는 중국의 역대 회화를 통틀어 낚시 그림으로는 가장 널리 사랑받고 있다. 제목은 추운 강에서 홀로 낚시를 한다는 뜻이다. 대부분 낚시 광경을 그린 화가들의 작품은 멋들어진 언덕이나 나무와 함께 강에서 낚시에 열중하는 어부나 선비를 그리기 마련이다. 하지만 이 그림에 다른 장치라고는 일절 없다. 주변에 나무나 수풀은 물론이고 멀리 산도 보이지 않는다. 넓은 강에 오로지 외롭게 떠 있는 작은 배 한 척과 홀로 낚싯대를 강물에 드리우고 응시하는 인물만 있을 뿐이다.

그 이외의 모든 부분이 여백이다. 어렴풋이 보이는 배 주변의 잔잔한 물결조차 없었다면 허공으로 느껴졌으리라. 아무도 없고 아무것도 없다. 오직 자연과 벗하는 한 사람만 있을 뿐이다. 광활한 여백이 효과를 극대화한다. 이 그림과 쌍벽을 이루는 시를 꼽는다면, 당나라 시인으로 중국 역사에서 문장가로 손꼽히는 유종원柳宗元의 〈강설江雪〉, 즉 '눈 내리는 강' 정도가 있을 듯하다. "온 산에 새가 날지 않고, 모든 길에 사람 발길 끊어졌네. 외로운 배에 삿갓 쓴 노인, 눈 내려 차가운 강에 홀로 낚시질하네."

정말 무위자연의 진정한 의미가 이렇게 세상과 무관한 개인적인 초월에 있을까? 장자의 무위를 설명하는 데 가장 자주 언급되는 내용이 「소요유」의 큰 박과 큰 나무 이야기다. 붕 이야기와 함께 많은 사람에게 잘 알려져 있다. 장자에 별 관심이 없는 사람도 어디선가 접한 기억이 있을 것이다. 그만큼 엉뚱한 해석이나 왜곡된 편견이 난무한다.

혜자가 장자에게 말했다. "큰 박 씨를 심었더니 다섯 섬들이 박이 열렸소. 속이 물러서 물이나 장을 넣어둘 수 없었소. 바가지를 만드니 평퍼짐해서 아무것도 담을 수 없었소. 크기만 하고 쓸모가 없기에 부숴버렸소." 장자가 대답했다. "큰 것을 쓰는 법이 졸렬하군요. (…) 어찌 큰 박을 배로 삼아 강호에 띄워 둘 생각은 하지 않소?" (…) 혜자가 말했다. "내 고장에 큰 나무가 있는데, 줄기에 혹이 많아 먹줄을 칠 수 없고, 가지는 뒤틀려 자를 맬 수 없어 목수들도 거들떠보지 않소. 당신의 말도 크기만 했지 쓸 곳은 없으니 모든 사람이 상대도 안 할 것이오." 장자가 대답했다. "당신은 어째서 큰 나무 곁을 하는 일 없이 어슬렁거리거나 그 아래 드러누워 낮잠을 자지 않소? 그 나무는 도끼에 일찍 찍히지 않을 것이오. 쓸데가 없다고 어찌 마음의 괴로움이 된단 말이오?"

장자는 또한 큰 박의 쓸모를 논하는 과정에서 솜을 빨 때 손이 트지 않는 약을 잘 만드는 송나라 사람의 예를 든다. 한 손님이 그 처방을 백금으로 사서 오나라 왕에게 유세를 했다. 이 약을 이용해 겨울철에 물에서 월나라 군대와 싸워 크게 이긴 공으로 땅까지 받았다. 손이 트지 않게 하는 방법은 같은데도 어떤 사람은 평생 솜을 빠는 데 사용하고, 다른 사람은 부귀와 영화를 누리게 됐으니 쓸모의 차이가 얼마나 크냐는 것이다.

장자는 큰 나무 이야기에도 살쾡이와 족제비 사례를 덧붙여 조금은 다른 측면에서 쓸모의 문제를 언급한다. 이들은 몸을 낮추고 엎드려 있다가 먹이가 나타나면 순식간에 튀어나와 사냥한다. 하지만 민첩하게 움직이는 재주를 믿고 사방팔방으로 뛰어다니다가 덫이나 그물에 걸려 죽고 만다. 반대로 큰 몸집을 가진 소는 다른 동물이 하기 어려운 밭일을 하지만 살쾡이나 족제비에게 쉬운 쥐 잡는 일은 못한다. 쓸모란 항상 동일한 결과로 나타나지는 않는다. 누가 어떤 목적으로 사용하느냐에 따라 얼마든지 달라진다.

박의 비유는 『장자』에만 나오는 독창적인 소재가 아니다. 춘추전국시대의 다른 고전에도 종종 나온다. 당시 대부분의 가정에서 일상적으로 박을 바가지 용도로 사용했기 때문에 좋은 비유 대상이었던 듯하다. 대표적으로 한비의 『한비자』에도 박 이야기가 나온다. 대신 이번에는 큰 박이 아니라 단단한 박이 문제다.

송나라 사람 굴곡이 제나라의 은둔 선비인 전중에게 "제게 돌처럼 견고하여 뚫지 못하는 박이 있는데 선생님께 드리겠습니다."라고 하자 전중이 답한다. "박이 귀한 까닭은 물건을 채울 수 있기 때문입니다. 두껍지만 뚫지 못하면 물건을 채울 수 없고, 돌처럼 견고하면 갈라서 물을 담을 수 없습니다. 그런 박은 필요 없습니다." 그러자 굴곡도 "그렇습니다. 저도 박을 버리려 했습니다."라고 말한다.

한비가 보기에 박은 오직 물을 비롯해서 무언가를 담는 용도를 갖고 있으므로 자르거나 구멍을 뚫지 못하면 쓸모없는 물건일 뿐이다. 결론은 간단하다. 쓸모가 없으면 필요가 없다. 필요가 없으면 버리는 게 최고 선택이다. 어떤 존재의 가치는 쓸모로부터 나온다. 물건이든 사람이든 쓸모를 중심으로 존재 이유를 바라보는 비정한 사고방식이다.

장자에 의하면 쓸모만을 잣대로 사물과 사람의 가치를 재단하는 사고방식은 졸렬하고 옹졸하다. 박을 바가지로 사용할 수 없다고 버리거나, 집 짓는 재목으로 사용할 수 없는 나무라 해서 투덜거리는 것이야말로 협소한 사고방식이다. 혜자나 한비의 관점은 철저히 일방적이다. 언제 박이 바가지로 쓰이기 위해 이 세상에 생겨났겠는가? 또한 나무가 어디 대들보나 기둥으로서의 쓸모 때문에 생겨났겠는가? 사람도 마찬가지다. 어떤 사람이 세상에 태어난 이유가 어찌 다른 사람이나 집단, 혹은 국가를 위한 쓸모 때문이겠는가 말이다.

인위적으로 쓸모를 하나로 고정하다

처세술의 시각으로 접근하는 사람들은 장자가 든 사례를 즐겨 이용한다. 손이 트지 않는 약 이야기가 단골로 등장한다. 이 사례만 따로 떼어내서 보면, 동일한 대상을 어떻게 사용하느냐에 따라 평생 솜을 빠느냐 아니면 부귀와 영화를 누리느냐로 갈리니, 처세의 방법을 논하기에 딱 들어맞는 이야기로 보일 수 있다.

별로 가치가 없어 보이는 쓸모도 다른 시각에서 보면 매우 유용할 수 있다는 해석이다. 이로부터 쓸모없는 것의 쓰임, 즉 무용지용無用之用의 이치를 기업경영 차원의 인사관리와 인맥관리에 활용하면 큰 성과를 얻을 수 있다고 연결시킨다. 언뜻 쓸모없어 보이는 사람이 리더십을 어떻게 발휘하느냐에 따라 숨은 인재로 크게 쓰일 수 있기 때문이다.

하지만 처세술 중심의 해석은 장자가 박 이야기를 통해 전달하고자 했던 문제의식과 한참 거리가 멀다. 손이 트지 않는 약 이야기는 큰 박 이야기를 설명하기 위한 수단이라는 점에서 전체 맥락으로 이해해야 한다. 또한 춘추전국시대의 통념과 비교할 때 장자에 가깝게 다가설 수 있다. 이를 위해 다시 한비의 단단한 박 이야기와 비교할 필요가 있다.

한비에게 박은 비유일 뿐이다. 진정 말하고자 하는 바는 인간과 사회 문제다. 그가 왕권강화를 통해 거대하고 강력한 국가의 건설을 꿈꿨음을 고려해야 한다. 사람에게 한 가지 쓸모만 있다면 사회적 역할도 고정된다. "신하에게 권위를 빌려주거나 명령을 공포하도록 맡겨서는 안 된다." 군주는 군주의 쓸모, 신하는 신하의 쓸모, 백성은 백성의 쓸모가 있다. 법의 제정과 처벌 권한은 군주가 독점한다. 군주의 쓸모는 지배에 있고, 신하의 쓸모는 군주의 명령을 받은 집행으로 한정된다. 백성은 생업에만 종사하고, 군주가 정하고 신하가 집행하는 일에 순종할 의무만 있다. 고정된 쓸모를 통해 수직적 신분과 계층구조를 정당화한다.

한가해 보이는 박 이야기는 비수를 품고 있다. 장자 역시 먹물들의 한가한 정신적 유희를 위해 큰 박과 큰 나무 이야기를 장황하게 하는 게 아니다. 그는 당시에 혜자가 꺼낸 박 이야기가 세상에서 어떻게 쓰이고 있는지를 잘 알고 있었던 듯하다. "큰 것을 쓰는 법이 졸렬하군요."라는 표현으로 모욕을 줄 정도면 이 문제에 분노를 느끼고 있음을 알 수 있다.

인간은 누구나 자유로운 존재로 태어나고, 누구도 대신할 수 없는 고유성을 지닌다. 어느 집안에서 태어났든, 어떤 외모를 지녔든 모든 인간은 그 자체로 가치를 지닌다. 만약 고정된 쓸모를 기준으로 바라본다면, 우월한 인간과 열등한 인간, 필요한 인간과 불필요한 인간으로 구분된다. 인위적으로 구분해놓은 쓸모의 덫이 차별과 억압을 정당화한다. 장자의 분노는 인간이 지닌 다양한 가능성과 자신의 운명을 자신이 결정할 수 있는 자유를 근본적으로 부정하는 고정된 쓸모의 논리를 향하고 있다.

어슬렁거리며 사는 무위를 권하다

무위는 고정된 쓸모의 논리에서 벗어나는 출구다. 그렇게 큰 박이 있다면 인위적으로 무언가를 만들 생각을 하지 말고, 그냥 반으로 잘라 배로 삼아 강 구경을 하든 낚시를 하든 한가하게 즐기면 될 일이라고 한다. 큰 박 이야기만큼이나 큰 나무 이야기도 당시에 무위와 관련하여 꽤 날카로운 쟁점이었다. 장자는 목재로서 쓸모없는 큰 나무 역시 그 아래에서 하는 일 없이 어슬렁거리거나 낮잠을 청할 생각을 왜 안 하느냐고 한다. 다시 무위를 권한다.

조선의 선비 화가인 윤두서尹斗緖의 〈수하오수도樹下午睡圖〉처럼 말이다. 어느 여름날 오후에 한 선비가 나무 밑에서 낮잠을 즐기는 중이다. 제법 큰 나무여서 울창한 나뭇잎이 온몸을 가리고도 남을 정도의 그늘을 만든다. 푹신한 방석에 기대어 더할 나위 없이 편한 자세로 잠에 빠져든다. 차림새로 봐서는 선비이지만 주위에 책도 없고 먹이나 붓도 없다. 발 아래로 더위를 식혀줄 부채만 하나 덜렁 있다. 온전히 한가롭고 태평스럽게 낮잠이 주는 달콤함을 즐긴다.

해가 중천에 떠 있는 대낮에 나무 그늘 아래서 낮잠이나 자고 있으니 천하의 한량처럼 보인다. 만약 무위를 세상의 일에 신경 끄고 아무것도 하지 않는 삶으로 이해한다면 장자는 전형적인 한량에서 벗어나기 어려울 것이다. 대개 무위라 하면 세상일에 전혀 상관하지 않고, 그저 어슬렁거리며 빈둥빈둥 시간을 죽이는 사람의 이미지가 바로 떠오른다. 나태와 게으름을 듣기 좋게 포장한 말처럼 들리기 십상이다. 무엇보다도 낮잠은 유가에서 지극히 경계하던 짓이다. 만약 윤두서 그림 속의 인물이 공자의 제자였다면 격한 지탄을 받았으리라. 실제로 공자는 『논어』에서 낮잠을 즐기는 제자를 크게 나무란다.

윤두서, 〈수하오수도〉, 17세기 후반

재여가 낮잠을 자자, 공자가 말했다. "썩은 나무로는 조각을 할 수 없고, 더러운 흙으로 쌓은 담장은 다듬을 수 없다. (…) 전에 나는 사람을 대할 때 그의 말을 듣고는 행실을 믿었는데, 지금은 말을 듣고도 행실을 살피게 되었다. 재여로 인하여 바뀐 것이다."(「공야장」)

낮잠은 나태한 행위일 뿐이다. 공자는 가혹하다 싶을 정도로 몰아세운다. 낮잠을 자는 사람은 아무짝에도 쓸모없는 썩은 나무고, 더러운 흙이다. 게으른 자는 망가질 대로 망가진 사람이니 더 바랄 것도 없다. 더 바랄 게 없으니 이제 뭐라 할 말도 없다. 공자는 낮잠을 즐기던 제자를 본 이후에 말이 아니라 행실을 보고 사람을 대하게 되었다고 한다. 게으름 여부를 제대로 된 사람을 판단하는 기준으로 삼는다. 『논어』의 여러 곳에서 "게으름이 없어야 한다."라며 경계한다. 개인만이 아니라 사회가 안정되고 발전하기 위해서도 게으름은 가장 큰 적이라고 보았다.

게으름을 죄악으로 여기는 태도는 유가만이 아니라 법가를 비롯해 춘추전국시대를 풍미한 대부분의 사상에서 나타나는 특징이다. 관중管仲도 『관자管子』에서 게으름을 경멸한다. "게을러서 아무것도 해내지 못하는 사람은 모든 일에 다른 사람의 도움만 기다린다. (…) 아침마다 경각심을 불러일으켜 태만해지는 일이 없어야 한다."(「형세形勢」) 중요한 것은 일 처리의 효율성이다. 게으름은 악이고, 근면 성실은 절대적 덕목이다.

왜 대부분의 제가백가 사상이 게으름을 척결해야 할 악으로 삼았을까? 춘추전국시대의 사상을 이해하기 위해서는 시대적 조건을 살펴봐야 한다. 춘추전국시대는 느슨한 부족연합 단계를 넘어 고대국가가 형성되던 시기였다. 기원전 2070년경부터 기원전 771년에 이르는 하·상·주 시대는 부족연합체제였다. 부족 사회는 관습이나 상호이해로 운영된다. 공동체 사회는 구성원들의 자연스러운 공감과 연대감에 기초하기 때문이다. 하지만 새롭게 등장하는 국가체제 아래에서는 전혀 다른 원리가 적용됐다. 거대한 규모의 나라를 움직이기 위해 엄격한 법과 도덕이 강제됐다. 대부분의 제가백가 사상은 고대국가 이념과 관련하여 생겨났다.

공자나 순자·한비·관중 등은 춘추전국시대의 각 나라에서 벼슬에 진출하여 국가체제 확립을 뒷받침하고자 했다. 공자는 중원을 떠돌며 뜻을 펼치려 했으나 각 나라의 왕에게 제대로 쓰이지 못했다. 법과 강력한 군주의 역할을 강조한 한비의 생각은 나중에 진시황이 수용했다. 관중은 재상으로서 제나라를 강국으로 만드는 데 큰 공을 세웠다. 이들은 정치, 법률, 제도, 경제, 군사, 교육 등에서 고대국가를 뒷받침하고자 했다.

공자나 관중이 게으름을 경계하는 이유도 이와 직접 연관된다. 고대국가체제에서는 과거의 공동체보다 훨씬 많은 물적 기반이 필요했다. 대폭 늘어난 관료와 군대 규모를 유지하기 위해 백성을 대규모로 동원해야 했다. 또한 확대된 관료체제 아래에서 신하들도 점차 전문화된 영역에서 효과적인 일 처리가 더욱 중요해졌다. 무엇보다도 거대한 국가체제를 뒷받침하고 집권세력의 위용을 드러내려 대규모 토목공사를 벌였는데, 백성의 노동력을 더 많이 쥐어짜내야 했다. 이를 위해 대부분의 사람에게 게으름을 악으로, 근면성실을 최고의 덕으로 여기게 하는 윤리관을 강제했다. 그 결과 사회 구성원은 지배체제가 요구하는 각종 노동과 사회적 의무에 효과적으로 동원되어야 하는 수단으로 전락했다.

그림으로 읽는 장자

고대국가 출현과 동시에 나타난 백성의 대규모 동원과 노동력을 쥐어짜내는 경향을 대표하는 사례가 바로 만리장성이다. 산수화 형식으로 제작된 청나라 지도 〈산수형세장성도山水形勢長城圖〉는 만리장성의 거대함을 실감케 한다. 장성의 동쪽 지도 가운데 산하이관山海關 주변의 부분도다. 산하이관은 장성의 동쪽 끝에 있는 관문이다. 만리장성은 여기를 시작점으로 해서 옌산산맥을 넘어 서쪽 사막의 간쑤성에 이르기까지 약 6,400킬로미터에 이르는 거대한 인공 건축물이다.

그림 아래로 동쪽의 관문이라는 말이 실감날 만큼 큰 규모의 산하이관 성곽이 보인다. 뒤편으로 하늘을 찌를 듯 솟구친 산등성이를 따라 장성이 끝없이 이어진다. 단순히 양쪽을 구분하는 경계선이 아니다. 외부 침입을 막을 정도로 높은 성벽이고, 윗부분은 병력과 마차가 지나갈 수 있을 정도의 넓은 통로를 마련해놓았다.

흔히 장성이 진시황 때 만들어졌다고 생각하지만, 사실은 본격적으로 고대국가가 출현하던 기원전 7세기 무렵 춘추전국시대부터 곳곳에서 만들어졌다. 진시황은 전국 통일 후 제후국들이 기존에 산발적으로 건설한 장성을 연결하여 만 리가 넘는 장성을 완성했다. 진시황이 고작 4년 만에 만리장성을 연결할 수 있었던 것은 엄청난 인력 동원 덕분이었다.

기록에 의하면 장성을 연결하고 쌓기 위해 거의 100만 명에 이르는 노동력을 동원했다고 한다. 당시 진나라 법은 너무나 가혹해 공사에 동원된 인부들이 조금만 실수를 해도 가차 없이 목숨을 빼앗았다. 위의 그림을 통해서도 알 수 있듯이 장성은 사람들의 접근이 용이한 평지에 세워진 것이 아니다. 북방의 높고 험준한 산등성이를 타고 이어지는 성곽이다. 노동 강

〈산수형세장성도〉 부분, 19세기

도를 덜어줄 기계도 없던 조건에서 육중한 돌을 높은 산꼭대기까지 옮겨와 쌓는 과정에서 수많은 백성이 죽었다. 당시 민간에서는 "아들을 낳으면 절대로 키우지 말고, 딸을 낳으면 산해진미를 먹여 키워라! 그대는 장성 아래에 산더미처럼 쌓여 죽어 있는 사람들이 서로 어우러져 한 더미를 이루는 것을 모르는가?"라는 노래가 나왔다고 한다.

또한 만리장성을 쌓는 와중에 진나라 내부를 관통하는 도로를 체계적으로 정비했다. 『사기』에 의하면 "도로를 수축하여 구원을 지나서 운양까지 산을 깎고 골짜기를 메워서 곧바로 통하게 했다." 그리고 진나라 수도인 셴양에서 각 지역으로 교통로를 연결했다. 아방궁과 진시황릉처럼 고대국가에서 황제의 위세를 드러내는 건설 공사도 빠질 수 없다. 이 역시 『사기』에 아방궁 공사를 위해 "궁형, 도형을 받은 70만여 명을 나누어 아방궁을 짓게 하거나 여산을 조립하게 했다."라고 기록되어 있다. 진시황릉은 이보다 더하면 더했지 조금도 덜하지 않았다.

게으름을 척결해야 할 악으로 규정하는 공자·순자·한비·관중 등의 논리는 이러한 고대국가의 필요를 뒷받침하는 이데올로기 역할을 했다. 그렇기 때문에 장자의 무위는 단순한 게으름이 아니라 고대국가체제에서 인위적으로 고정된 쓸모를 통해 강요되는 위계체제, 일방적으로 강화되는 노동 규율, 효율성 중심의 사회 원리에 대한 저항의 의미를 담고 있다.

세상일을 등지고 유유자적한 생활을 꿈꾸는 한량의 논리가 아니다. 오히려 세상에서 국가나 지배세력에 의해 벌어지는 강제와 억압에 물러서지 않고, 첨예하고 치열하게 맞서고자 했던 실천적 논리다. 자유로운 정신세계를 통해 사람들이 고정된 사회적 역할과 근면성실이라는 노예의 논리에서 벗어나도록 촉구하는 저항의 논리다.

　현대사회에서는 게으름을 악덕으로 여기는 논리가 인류 역사를 통틀어서 가장 강하게 지배하고 있다. 국가와 기업은 경쟁력을 높이기 위해 성실하게 분투하는 사람들의 성공담을 통해 사회구성원 대부분이 지향해야 할 하나의 모범을 만들어낸다. 그 결과 우리는 노는 시간을 줄이고 일하는 시간을 늘리는 것, 근면하고 성실한 노동의 내면화를 인간이 지녀야 할 가장 중요한 미덕으로 여긴다. 아마 장자가 현대인에게 강제되는 노동 강도와 이를 뒷받침하는 노동 윤리를 접했다면 경악을 금치 못했을 것이다.

　현실의 유용성과 효율성 논리에서 벗어나 큰 박을 배로 삼아 낚시를 하며 즐기고, 큰 나무의 그늘에서 낮잠을 자라는 장자의 지적은 개인적 삶의 취향 문제가 아니라, 당시 사회의 지배적 가치에 대한 도전이었다. 역사적으로 근로의 도덕은 자연스럽게 생겨난 것이 아니라 지배자가 생산자에게 유포한 노예의 도덕에 불과하다.

　장자는 국가가 강제하는 노예의 도덕으로부터 벗어나 인간임을 선언하기 위해 무위, 어떤 면에서는 게으름이라 부르기도 하는 상징적 화두를 꺼낸 것이다. 어슬렁거리며 노니는 「소요유」 전체의 핵심 문제의식이기도 하다. 생산 과정이나 노동 과정만이 아니라 사회 대부분의 영역에서 근면성과 효율성 여부가 인간과 사회를 판단하는 절대 기준이 된 현대사회에서 장자의 문제제기는 더 큰 울림으로 다가온다.

그림으로 읽는 장자

외모에 얽매인 사고를 털어내다

추한 외모를 어찌할 것인가?

〈철괴도鐵拐圖〉는 남송 말에서 원대 초기에 활동한 화가 안휘顔輝의 대표 작이다. 그림을 보는 순간 고개가 갸웃거려진다. 한 사내가 바위에 앉아 하늘을 보는 평범한 그림인 듯하지만, 조금만 주의를 기울여 보면 한적한 산의 정취에 취한 전형적인 산수 인물도와는 거리가 멀다. '이게 도대체 뭐지?'라는 생각이 스친다. 추하다는 표현으로는 부족하고, 괴기스럽다고 해야 어울릴 모습을 한 인물로 그림을 가득 채우고 있으니 말이다.

들창코에다 입은 툭 튀어나오고 입술은 벌에라도 쏘여서 부풀어 올랐을 때처럼 두껍다. 머리는 산발인데다 수염도 가지런하지 않고 중구난방으로 뻗었다. 왕방울만 한 눈은 튀어나올 듯하고 눈썹도 수염처럼 덥수룩해서 균형을 잃었다. 게다가 발도 하나밖에 없고 지팡이로 몸을 지탱해야 하는 불구의 처지다. 옷은 누더기나 다름없어서 여기저기 해져 있다. 변변한 신

안휘,
〈철괴도〉, 14세기 초반

발도 없는지 맨발로 길을 나선 모양이다. 그의 시선이 향하는 곳에 연기처럼 날아가는 무언가가 있다. 이건 또 뭔가 싶다.

추하고 괴기스러운 외모에 대한 편견을 걷어내고, 철괴에 대한 관심을 가지면 새로운 면과 만나게 된다. 철괴는 도교의 전설적인 선인이다. 신선이라 하면 흰 수염을 휘날리는 멋진 노인이 떠오른다. 자상한 미소를 머금은 얼굴, 한눈에 봐도 풍부한 지혜를 갖춘 분위기 말이다. 하지만 철괴는 정반대의 이미지다. 그에 얽힌 다음의 전설이 흥미롭다.

철괴의 본래 이름은 응양인데, 인물이 수려하고 외모가 출중한 청년이었다. 어려서 도를 깨쳐 혼이 몸에서 빠져나와 돌아다닐 수 있는 능력을 지녔다. 어느 날 노자를 따라 수행하기 위해 몸을 두고 혼만 분리되어 화산으로 떠난다. 6일이 되어도 혼이 돌아오지 않자 죽었다고 생각한 제자는 스승의 몸을 화장하고 귀향해버린다. 7일째 응양의 혼이 돌아와 몸이 사라진 사실을 알게 된다. 몸을 잃어버린 혼은 새로운 몸을 찾아 떠돌다 들판에서 굶어 죽은 거지를 발견하고 그 몸속으로 들어간다.

하지만 그는 추한 모습과 하나의 발로 절뚝거려야 하는 외모가 마음에 들지 않았다. 다시 혼을 빼내 다른 몸을 찾으려 할 때 노자의 혼이 나타나 "도행은 겉모습에 있지 않느니라."라며 질책한다. 이 말과 함께 노자는 철지팡이인 철괴를 준다. 응양은 새롭게 깨달음을 얻어 외모의 집착에서 벗어나 진정한 자유로움 속에 노니는 신선으로 거듭난다. 아예 철괴를 자신의 이름으로 삼아 이후 많은 이들의 사랑을 받게 된다.

사정을 알고 다시 보면 처음의 인상과는 전혀 다른 느낌이 생긴다. 추한 외모가 아니라 자유롭고 고귀한 신선의 경지가 느껴진다. 『장자』에도 외모 이야기가 종종 눈에 뜬다. 신도가라는 사람의 외모에 얽힌 내용도 그중의 하나다. 신도가는 형벌로 다리가 잘린 사람이었다. 신도가는 도가의 스승을 모시고 있었는데, 제자 중에 정나라 재상인 자산도 있었다.

어느 날 자산이 신도가에게 "자네는 재상인 나를 보고도 길을 비키지 않는데, 신분이 같다고 생각하는가?"라고 묻자 신도가가 말했다. "재상임을 내세워 남을 업신여기고 있구려. 선생님에게 배우는 자네가 이런 말을 하니 잘못 아닌가?" 그러자 자산이 "자네는 몸이 이 모양인데도 훌륭한 척을 하는구려. 자기 처지를 헤아려 스스로를 반성할 줄도 모르는가?"라고 빈정대자 신도가가 다시 말했다.

사람들 중에는 자기 다리가 멀쩡하다고 해서 불구인 내 다리를 비웃는 사람이 많네. 머리끝까지 화가 치밀지만 스승이 계신 곳에 가기만 하면 곧 다 잊고 돌아오게 되네. 스승께서 훌륭함으로 씻어 주시는 것인지 스스로 깨닫게 되는 것인지는 알 수가 없네. 스승을 따른 지 19년이 되지만 내가 절름발이라는 것을 의식한 일이 없네. 지금 당신은 나와 마음으로 공부하고 있으면서도, 형체의 외모를 따지니 잘못 아닌가?(「덕충부德充符」)

무슨 말을 하는지는 어렵지 않게 다가온다. 한 스승 아래 재상이라는 높은 자리에 있는 제자와 한쪽 다리가 없는 제자가 있다. 자산은 신도가와 같은 자리에 있는 것조차 싫어한다. 어쩌다 마주치게 됐는데, 재상임을 앞세워 신도가를 업신여긴다. 신도가는 어지러운 시대를 살아가면서 의도치 않게 몸을 상하는 일이 특별할 게 없다고 한다. 자산처럼 재상이었다가도 하루아침에 큰 병에 걸리거나 불구가 될 수도 있는 일이다. 그러므로 몸이 성하지 않거나 추하다고 해서 무시하거나 차별해서는 안 된다는 것이다.

스승 앞에서 절름발이라는 사실을 잊을 수 있었던 것은 스승이 외모를 위로해주거나 배려해서가 아니다. 스승에게 아예 사람을 외모로 구별하는 사고방식 자체가 없기 때문이다. 사람을 대할 때 외모가 아니라 마음만을 보았기 때문에 가능한 경지다. 그러니 재상 지위에 있지만 외모로 사람을 차별하는 자산이야말로 가장 저열한 사고방식 안에 갇혀 있다는 비판이다.

여기까지는 그저 외모로 사람을 평가하지 말라는 교훈적인 에피소드 정도로 다가온다. 그런데 장자는 「덕충부」 편에서 절름발이거나 추한 외모를 가진 사람에 얽힌 사례를 줄줄이 이어간다. 세상을 살아가다 겪게 되는 수많은 문제 중의 하나일 뿐이라면, 하나의 편을 온통 이와 관련된 내용에 할애할 이유가 없다. 삶과 사고방식에서 그만한 비중을 가진 주제나 쟁점이었기 때문에 거듭 문제 삼았을 것이다.

대화 상대가 자산이라는 점이 힌트가 된다. 자산은 공자가 매우 존경한 인물로 『논어』에서 여러 차례 그를 추켜세운다. "군자의 네 가지 도를 지니고 있었으니, 처신이 공손했고, 윗사람을 섬김에 공경스러웠고, 백성을 다스림에 은혜로웠고, 백성을 부림에는 의로웠다."(「공야장」) 유가의 덕목 대부분을 지닌, 흠잡을 데 없이 이상적인 인물로 여긴다.

장자의 비판이 유가적 사고방식으로 향하고 있음을 알 수 있다. 문제를 분명하게 드러내기 위해 장자는 아예 공자를 주인공으로 등장시킨다. 가상의 대화다. 형벌로 다리가 잘린 노나라의 무지라는 사람이 찾아왔지만 공자는 근신하지 않아서 생긴 일이라며 내친다. 무지가 "제가 온 것은 아직 다리보다 귀중한 것이 남아 있기 때문입니다. 저는 그것을 온전히 지니고자 합니다."라며 항의한다. 이에 공자가 "내가 고루하였소이다."라며 사과한다.

무지 이야기는 장자가 가상의 인물을 통해 만들어낸 이야기지만, 만약 아무런 근거 없이 전적으로 꾸며내기만 했다면 상대에 대한 치졸한 비난에 불과할 것이다. 하지만 이 이야기는 공자와 직접 연관된 사례, 공자가 뜨끔하게 느낄 사례를 윤색하여 풀어냈다. 공자에게 어떤 일이 있었던 것일까?

외모를 중시하는 고질적인 풍토

『논어』를 보면 고을의 수령이 된 제자에게 공자가 "너는 인재를 얻었느냐?"라고 묻는 장면이 나온다. 스승의 물음에 제자는 "자우라는 사람이 있는데, 다닐 적에 지름길을 가지 않고, 공무가 아니고는 제 집에 온 일이 없습니다."(「옹야雍也」)라고 답한다. 이 대화에 나오는 자우가 바로 외모 문제와 관련하여 공자에게 부끄러움을 안겨준 인물이다.

한비의 『한비자』에는 "공자가 말하기를 '용모를 가지고 사람을 취했더니 자우로 실수했다.'라고 했다. 그러므로 공자의 지혜로도 진실을 잘못 보았다는 소리가 들린다."(「현학顯學」)라는 내용이 나온다. 공자는 외모를 중심으로 사람을 보았다가 진실을 제대로 보지 못한다는 세상의 평판을 들어야 했다. 사마천의 『사기』에 더 자세하게 소개되어 있다.

그림으로 읽는 장자

자우가 가르침을 청하자 공자는 용모가 추악하여 재주가 박할 것이라고 생각했다. 그러나 자우는 덕행을 배양하는 데 힘쓰고, 길을 갈 때는 지름길로 가지 않았으며, 공적인 일이 아니면 집정자를 만나지 않았다. (…) 벼슬에 나아감과 물러남에 완전무결하여 제후들에게 이름이 널리 알려졌다. 공자가 이 이야기를 듣고 "내가 용모로 사람을 취했다가 자우에게서 실수했다."라고 탄식했다.(「중니제자열전仲尼弟子列傳」)

앞의 무지 이야기에서 외모보다 귀중한 것을 왜 보지 못하느냐는 비판에 공자가 "내가 고루하였소이다."라며 사과하는 장면이 바로 자우의 추한 용모를 보고 함부로 대한 공자를 빗댄 내용이다. 높은 덕을 인정받을 만한 사람임에도 불구하고, 내면을 보지 못하고 외모로만 평가했다가 낭패를 본 경우다. 장자가 여러 사례를 들어가며 논의한 것은 공자의 문제가 우연이나 일회적인 실수에 머물지 않는다고 판단했기 때문이다. 공자와 유가의 사고방식에, 겉으로 드러난 외적 요소를 지나치게 중시하는 경향이 있다고 보았기에 상당한 비중으로 다루었다.

하긴 공자만이 아니라 사람을 평가하는 데 외모가 오랜 기간 상당한 영향을 끼쳤다. 추한 외모와 관련하여 가장 잘 알려진 사례는 나관중의 『삼국지연의』에 나오는 방통이다. 방통은 "와룡과 봉추 두 사람 중 한 사람만 얻어도 천하를 얻을 수 있다."라는 말을 들을 정도로 뛰어난 사람이었다. 와룡은 제갈량이고, 봉추는 방통을 말한다.

〈방통연환계도龐統連環計圖〉는 방통의 뛰어난 지략을 잘 알려주는 대표적인 사례다. 명나라 시절 출간된 『삼국지연의』에 실린 그림이다. 삼국지의

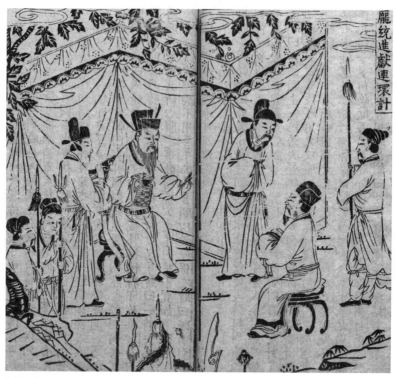

龐統進獻連環計

〈방통연환계도〉, 16세기

수많은 전투에서 백미로 통하는 적벽대전의 여러 지략 중 하나를 보여주는 장면이다. 방통은 조조에게 도움을 주는 책사로 위장하여 접근한다. 조조는 "유비에게 공명이 있다면 내겐 방통이 있군요."라며 반긴다. 왼편에 신하들의 보좌를 받으며 앉은 사람이 조조, 오른편에 공손하게 예를 갖춰 말하는 사람이 방통이다.

조조의 막강한 수군을 제압하지 못하면 필패라고 여긴 방통은 조조를 상대로 '연환계'를 내놓는다. 군사 대부분이 보병이나 기마병 출신이기에 배 멀미가 심한 점을 이용한다. 배들을 쇠사슬로 연결해 흔들림을 낮춰 멀미를 해결하고, 그 위에 널빤지를 깔면 병력 이동이 자유로울 것이라는 묘안을 내놓는다. 조조는 좋은 생각이라며 즉시 전체 전함들을 연결시킨다. 전투가 벌어졌을 때 유비 군대는 방통이 몰래 알려준 대로 화공을 펼친다. 잘 묶여 있는 조조 군대 배들은 불길을 피하지 못하고 한꺼번에 거대한 불덩이가 되어 전멸한다.

하지만 최고의 지략가 방통조차도 추한 외모 때문에 여러 제후에게 인정을 받지 못했다. "까만 눈썹이 보기 싫게 붙어 있고, 얼굴이 검고, 덕지덕지하며, 수염이 볼품이 없으며, 키마저 난쟁이처럼 작았다." 오나라 손권은 기겁하여 단번에 내쳤다. 덕과 예로 정평이 난 유비조차 외모만 보고 신뢰하지 않았다. 고작 지방의 현령 자리 하나를 주고 말았다. 제갈량까지 나서서 크게 쓰도록 제안했지만 거부당했다. 다른 현령들이 몇 달이 걸려 할 일을 방통이 불과 반나절에 처리하는 것을 보고 나서야 비로소 주목을 받을 수 있었다.

제갈량이나 노숙 등 큰 영향력을 지닌 사람들에게 능력을 인정받던 방통조차 추한 외모 때문에 문전박대를 당할 정도니 일반 사람의 경우는 어떠했을지 쉽게 짐작이 간다. 사람들은 외모로 차별받는 경우가 빈번했다. 그렇기 때문에 장자만이 아니라 열자, 묵자 등도 외모를 중시하는 세태를 비판한다. 『열자』에서는 다음과 같이 말한다.

복희씨와 여와씨, 신농씨와 하후씨는 뱀처럼 생긴 몸뚱이, 소 같은 머리, 호랑이 같은 코가 달려 있었다. 이들은 사람과 다른 모습이었지만 성인의 덕을 지녔다. 하나라 걸왕과 은나라 주왕 및 노나라 환공과 초나라 목공은 외모는 그럴듯했지만 짐승과 같은 마음을 지녔다. 그런데도 사람들은 외모로 지혜로운 자를 구하니, 잘될 수 없는 일이다.(『황제黃帝』)

외모와 마음이 일치하는 것은 아니다. '인면수심'이라는 말이 있다. 얼굴은 사람의 모습이나 마음은 도리를 지키지 못하고 흉악한 사람을 일컫는다. 반대로 외모는 추하지만 누구나 존경할 만한 마음을 얼마든지 지니고 있을 수 있다. 하지만 사람들은 겉으로 드러난 모습으로 사람을 판단하고 그를 가까이 두거나 배척한다.

흥미로운 것은 열자가 이를 인간의 어쩔 수 없는 성향으로 보지 않는다는 점이다. 복희씨에서 하후씨에 이르기까지는 외모가 문제가 되지 않았다. 이들은 중국에서 고대국가가 자리를 잡기 이전, 씨족·부족의 공동체 전통이 강하게 남아 있던 시기의 전설상의 인물들이다.

열자가 보기에 인간은 본래 외모를 의식하지 않았으나 고대국가 확립 이후 외모로 차별하는 경향이 생겨났다. 걸왕, 주왕, 환공, 목공 등은 고대국가 체계가 어느 정도 갖추어진 단계를 의미한다. 국가 이전의 공동체 사회에서는 사람들 사이에 서로 분별과 차별이 없었으므로 외모를 놓고 사람을 가르는 일도 없었다. 그러나 국가가 만들어지면서 신분과 부에 따라 여러 차별이 생기고, 동시에 마음보다 외모, 내면보다 형식을 중시하는 사고방식이 굳어졌다.

그림으로 읽는 장자

형식을 중시하는 유가의 태도

장자가 절름발이나 추한 외모를 소재로 삼아 논의를 전개했지만, 이는 전반적인 문제를 논하기 위한 징검다리다. 특히 외모 문제와 관련한 주요 비판 대상을 유가로 잡았다는 점에서 문제의식을 좀 더 확장할 필요가 있다. 장자의 문제의식은 유가와 묵가의 치열한 논쟁을 향한다. 묵가는 유가와 여러 문제를 둘러싸고 논쟁을 벌였는데, 그 가운데 하나가 유가의 지나친 형식주의에 대한 비판이었다.

예를 들어, 『묵자』의 「공맹公孟」 편에서 옷차림을 예의 하나로 보는 유가의 태도를 문제 삼는다. 유가 인물인 공맹자가 옷과 행동의 긴밀함을 논하자 묵자가 "행동은 옷에 달려 있는 게 아니오."라며 반박한다. 공맹자가 "무엇으로 그러함을 아십니까?"라며 따지자 묵자가 답한다. "옛날 월나라 임금 구천은 머리를 깎고 문신을 하고서도 나라를 잘 다스렸소."

부모에게 받은 머리나 몸을 온전히 보존해야 한다고 강조한 공자의 가르침과는 상반되게 머리를 깎고 문신을 한 구천은 나라를 잘 다스렸다. 옷차림이나 형식이 하등 중요할 바가 없다는 지적이다. 공자는 몸가짐이나 옷차림 형식을 상당히 중시했다. 『논어』에는 평소에 공자가 이를 얼마나 중요하게 여겼는지를 보여주는 사례가 자주 나온다.

공자께서는 궁전 문에 들어갈 때는 마치 문이 작아 들어가기 어려운 듯 몸을 굽히셨다. (…) 옷자락을 잡고 당에 오를 때는 숨을 죽여 숨을 쉬지 못하는 사람처럼 하셨다. (…) 보라색과 주홍색으로 깃을 달지 않고, 붉

구영, 〈공자영정〉, 16세기

은색과 자주색으로 평복을 만들지 않으셨다. 더운 철에는 갈포의 홑옷을 입으시되, 반드시 내의를 받쳐 입고 외출하셨다. 검은 옷에는 염소 갖옷을, 흰옷에는 새끼 사슴 갖옷을, 누런 옷에는 여우 갖옷을 입으셨다.(『향당鄕黨』)

명대의 최고 인물화가 구영이 그린 〈공자영정孔子影幀〉은 형식과 몸가짐을 강조하던 특성을 잘 보여준다. 소매가 넓은 옷을 입고 허리에 넓은 띠를 둘러 최대한 격식을 갖춘 옷차림이다. 두 손을 가지런히 모으고 허리를 굽혀 공손하게 예를 갖추었다. 공경의 마음이 묻어나오는 눈빛과 한 치의 경솔함도 허용하지 않겠다는 듯한 신중한 몸가짐이 느껴진다. 궁 안에서 늘 몸을 굽히고 왕 앞에서 숨을 죽였다는 공자의 태도 그대로다.

공자는 상황과 때에 맞추어 옷차림과 몸가짐을 구별했다. 재계할 때의 옷깃은 보라색이고, 삼년상 때의 옷깃은 주홍색인데, 평복은 이와 달랐다. 옷차림이라는 형식이 예의 중요한 부분이 된다. 몸가짐도 마찬가지다. 궁 안에서의 몸가짐, 임금 앞에서의 몸가짐, 내빈을 접대할 때의 몸가짐, 읍할 때의 몸가짐, 밖에서의 몸가짐 등을 구별했다. 심지어 계단을 오르내리거나 문을 드나들 때의 형식까지 정했다.

유가를 지지하는 사람들은 공자의 관점을 형식과 내용의 조화로 보아야 한다고 변호한다. 예의 형식과 절차만 강조한 것은 아니라는 입장이다. 예는 형식과 정신이라고 하는 두 가지 측면이 조화를 이루었을 때 도달할 수 있음을 강조했을 뿐이라는 것이다. 이와 관련하여 『논어』에서 "바탕이 두드러지면 거칠고, 겉차림이 두드러지면 형식적이게 된다. 바탕과 겉차림이 잘 어울려야 군자다."(「옹야」)라고 한 공자의 말이 빈번하게 거론된다.

이 내용만 분리해서 보면 말 그대로 조화의 강조로 보인다. 하지만 몇 가지 점에서 실질적으로는 형식의 중요성을 강조한 내용으로 봐야 한다. 먼저 당시 공자가 다른 사람들로부터 삼년상이나 까다로운 제사 절차 등 지나치게 형식에 치우친다는 비판을 받고 있었고, 이에 대한 반론으로 나왔다는 점을 고려할 때 실질적인 강조점은 형식에 있다.

또한 공자의 말을 제자들이 어떻게 이해하고 있었는가를 보더라도 그러하다. 제자 자공은 "호랑이와 표범의 털 뽑은 가죽은 개와 양의 털 뽑은 가죽이나 같습니다."(「안연顏淵」)라고 한다. 호랑이는 털을 벗겨놓고 가죽만 보면 개의 가죽과 서로 다를 바가 거의 없다. 호랑이의 털이 호랑이를 호랑이답게 한다. 마찬가지로 사람의 뛰어남을 구별해주는 데도 옷차림이나 몸가짐이 얼마나 중요한지를 강조한 내용이다. 둘 다 중요하다고 말하지만 그 논리를 뒷받침하는 사례를 보더라도 실질적으로는 형식의 중요성을 강조한다.

유가의 가르침을 따랐던 사회에서 나타난 양상도 비슷하다. 박지원의 『양반전』을 보면 형식의 늪에 얼마나 깊이 빠져 있었는지를 확인할 수 있다. 부자가 쌀 천 석으로 양반을 사면서 다음의 증서를 작성한다. "걸음을 느릿느릿 옮겨 신발을 땅에 끈다. (…) 더워도 버선을 벗지 말고, 밥을 먹을 때 맨상투로 밥상에 앉지 말고, 국을 먼저 훌쩍 떠먹지 말고 무엇을 후루루 마시지 말고, 젓가락으로 방아를 찧지 말고, 생파를 먹지 말고, 막걸리를 들이켠 다음 수염을 쭉 빨지 말고, 담배를 피울 때 볼에 우물이 파이게 하지 말아야 한다."

그림으로 읽는 장자

형식이 지배하는 현대사회, 내용이 말을 하게 하라!

외모를 중시하는 사고방식이 초기 공동체에서는 볼 수 없다가 국가가 자리 잡으면서 나타났다는 열자의 문제의식은 사회를 바라보는 중요한 단서를 제공한다. 고대국가가 출현한 이래 19세기에 이르기까지 귀족과 평민이라는 신분 구분은 사회를 떠받치는 요소였다. 법과 제도라는 형식으로 이를 뒷받침했다. 도덕과 예의 등의 세세한 형식도 중요한 역할을 했다. 엄격한 제사나 종교 절차, 옷차림과 몸가짐 등이 여기에 해당한다.

현대사회도 그 연장선상에 있다. 대신 사람과 사람을 구분하는 기준이 신분에서 돈으로 바뀌었다. 물론 전통사회에서도 어느 정도 이상의 부를 갖출 때 사회적으로 요구되는 외모나 체면을 유지했다. 외모만 하더라도 자신의 높은 신분을 드러내기 위해 화려한 옷차림과 장식으로 꾸미곤 했다. 당연히 상당한 부가 필요했다.

중국 미인도의 원조로 불리는 당나라 화가 주방周昉의 〈잠화사녀도簪花仕女圖〉는 그 일단을 보여준다. 사녀란 귀부인이나 궁녀를 가리키는 말이다. 강아지와 놀고 있는 장면인데, 화가의 시선은 두 여인의 화려한 옷과 화장으로 향한다. 겉옷은 안에 입은 드레스와 살이 비칠 정도로 투명하다. 마치 선녀가 세상에 내려온 듯한 의상을 뽐내기 위해 아주 고급스러운 비단으로 온몸을 두르고 있다. 드레스도 곳곳에 복잡하고 정교한 수를 놓았다. 당시 유행하던 두껍고 짧은 누에나방 눈썹에, 아주 작고 도톰한 입술을 그린 화장을 하고, 머리에는 보석으로 장식된 화관을 쓰고 있다. 한눈에 웬만한 돈으로는 치장하기 어려워 보인다.

주방, 〈잠화사녀도〉 부분, 8세기

이는 극소수의 부유한 귀족에게만 한정된 호사였다. 아무리 부유하더라
도 장식이나 옷차림을 자유롭게 선택할 수 없었다. 신분이나 관직에 따라
장식과 옷차림이 엄격하게 제한되어 있었기 때문이다. 하지만 현대 자본
주의 사회에서는 외모 집착이 극소수 계층을 넘어 사회 구성원 전체를 규
정하는 논리, 하나의 이데올로기로까지 확대된다. 자본은 외모를 비롯한
형식의 숭배를 사회 전 분야에 가장 자연스러운 원리처럼 여기게 만든다.

특히 한국사회는 그 첨단을 달린다. 외모 중심의 사고방식이 극단으로
치닫는다. 외모지상주의는 우리 사회를 대변하는 단어 중의 하나다. 심지
어 「뉴욕타임스」에 한국의 심각한 외모 중시 풍토가 소개된 적도 있다. 사

그림으로 읽는 장자

회적으로 일상화된 미모와 동안 요구 분위기, 수많은 종류의 기능성 화장품, 널려 있는 성형외과와 지하철 차내 광고, 다이어트 열풍, 얼굴형이 좀 이상하면 코미디 개그의 소재가 되는 풍조 등 이상한 문화가 만연해 있다고 비판했다.

루이비통, 아르마니, 버버리, 구찌, 펜디, 미소니 등 세계적으로 유명한 명품을 구입하는 현상은 이미 오래전에 자리 잡았다. 다른 제품에 비해 수십 배에 이르는 비싼 가격에도 불구하고 날개 돋친 듯이 팔린다. 기업의 인사담당자를 대상으로 조사한 바에 의하면 신규직원 채용 시 대부분 외모를 고려한다는 대답이 나오는 실정이다.

옷차림이나 장식만이 아니라 심지어 신체 자체가 수정해야 할 대상이 된다. 인구 대비 성형수술 횟수가 세계 최고 수준을 기록할 만큼 한국은 성형을 권하는 사회다. 이를 위해 이른바 '얼짱'이 되고 싶어 양악수술처럼 위험한 수술을 하기 때문에 사망하는 경우도 종종 있다. 날씬한 몸매를 위한 무리한 다이어트로 영양실조나 저체중에 시달리기도 한다.

외모와 형식으로 우월과 열등을 구분하는 현상은 개인적 취향의 문제가 아니다. 사회적으로 지배세력은 외모 논리를 통해 자신의 우월성과 지배의 정당성을 대중적으로 인정하게 만든다. 희소성을 지닌 브랜드 제품을 얼마나 소유하느냐가 삶의 가치가 되면 지배세력은 저항을 손쉽게 무력화하고 지배체제를 공고하게 만들 수 있다. 명품이나 유행에 대한 거부감이 사라지고 오히려 선망하게 될 때 현실의 불평등이나 억압에 대한 저항감이 사라지고 더 희귀한 브랜드를 소유하기 위한 사다리로 오르는 일이 인생의 목표가 되어버린다. 그 결과 브랜드라는 형식을 조종하는 위치의 자본이 갖는 사회적 지배력은 더욱 확고해진다.

하지만 중요한 것은 내용이지 형식이 아니다. 그렇게 할 근거, 즉 실질과 내용이 없다면 형식은 아무런 의미가 없다. 막연하게 내용과 형식이 다같이 중요한 것이 아니다. 내용이 일차적·본질적이고, 형식은 그에 따라오는 부차적·부분적인 기능일 뿐이다.

역사적으로 형식의 강제가 지배의 정당화를 위한 핵심 장치라는 점에서, 또한 현대사회에서 허구적인 이미지로서의 형식이 일상과 의식을 광범위하게 왜곡시켜 놓았다는 점에서, 실질과 내용을 본질로 여기는 장자의 문제의식은 개인의 인격이나 품성을 넘어 매우 중요한 사회적 의미를 지닌다. 좁게는 현란한 형식 안에 우리를 가두는 지배세력의 속임수에 넘어가지 않기 위해서 실질과 내용으로 향해야 한다. 그리고 보다 적극적으로는 사회와 개인의 일상에 모세혈관처럼 촘촘하게 퍼져 사고와 행위를 통제하는 형식의 족쇄에서 벗어나 진정 자유로운 생각과 삶을 누리기 위해, 이제는 내용이 말을 하게 만들어야 한다.

좋고 싫음의 감정을
넘어서다

사람은 본래 감정이 없다

조선 영조·정조 시기의 화가 김후신金厚臣의 〈대쾌도大快圖〉는 보는 사람의 기분을 즐겁게 만든다. 제목 그대로 유쾌한 기분을 온몸으로 드러낸다. 특히 가운데 있는 선비는 얼굴에 더 이상 좋을 수 없다는 듯한 웃음이 가득하다. 체통을 상징하는 갓은 어딘가 던져버린 듯하고, 상투도 흐트러져 있다. 크게 노래를 부르거나 소리를 지르는 게 아닌가 싶다. 누가 봐도 이미 한바탕 술판이 벌어져서 불콰하게 취한 상태다. 아주 즐겁게 마시고 그 흥을 온몸으로 드러내는 중이다.

뒤편에 나무를 보면 이파리에 붉은 기운이 돌아서 한창 단풍철임을 알 수 있다. 산이나 들이 붉게 타오르는 장관을 보며 풍류를 즐기며 마시던 술이 점차 거나한 분위기로 이어졌을 것이다. 그런데 왜 앞으로 내달리며 몇 사람이 뒤죽박죽 뒤섞여 몸싸움을 하고 있을까? 요즘 표현대로 하면

김후신, 〈대쾌도〉, 18세기

더 좋은 데로 2차를 가자고 난리를 치자, 함께 마시던 사람들이 따라가며 만류하는 눈치다. 그 과정에서 한바탕 몸이 엉키며 왁자지껄하다.

동서양을 통틀어서 유쾌한 모습을 이토록 사실감 넘치게 표현한 미술 작품을 본 적이 없다. 하지만 우리 일상에서는 꽤 자주 접하는 표정이다. 멀리 갈 것 없이 스스로의 경우를 생각해보면 그림 속 인물의 표정이 낯설지 않다. 음주 여부와 상관없이, 박장대소를 하며 웃었던 경험을 떠올릴 수 있다. 배를 붙잡고 뒹굴 정도로 크게 웃으며 유쾌한 기분을 만끽하는 순간 말이다. 그런 공감이 있기에 김후신의 그림을 보면서 미소가 번진다.

격한 감정의 파도는 꼭 웃음에만 한정되지 않는다. 우리는 극도의 슬픔이 지배하는 시간을 보내기도 한다. 특히 가족을 비롯하여 가까운 사람이 세상을 떠날 때 깊이를 알 수 없는 슬픔으로 빠져든다. 자신의 안위를 위협하거나 피해를 안겨주는 상대방에 대한 혐오나 분노가 폭발하기도 한다. 상대방에 대한 혐오나 분노는 반대로 자기편에 대한 과도한 선호나 애착을 만들어낸다. 하루가 멀다 하고 감정이 출렁인다.

풍부한 감정을 가진 인간이기에 요동치는 감정이 인간의 어찌할 수 없는 속성이라고 생각하는 경우가 많다. 또한 자신을 둘러싼 조건이나 사회적 상황의 변화가 역동적이기에 감정이 위아래로 출렁이는 현상이 당연하다고 여길 수도 있다. 하지만 장자는 엉뚱하게도 사람은 본래 감정이 없다고 말한다. 대화 상대인 혜자는 "감정이 없다면 어찌 사람이라 할 수 있겠소?"라며 의아해한다.

장자가 말했다. "그건 내가 말하는 감정이 아니오. 감정이 없다고 말하는 근거는 좋아하고 싫어하는 것으로 자신을 상하게 하지 않으며, 자연을 따르기만 하고 자기 삶에 이익을 주려 하지 않는 것이오." 혜자가 말했다. "삶에 이익이 되지 않으면 어떻게 자신을 보전할 수가 있겠소?" 장자가 말했다. "지금 당신은 자신의 정신을 소외시키고 정력을 낭비하고 있소. 나무에 기대서면 읊조리고, 오동나무 베개를 베면 잠을 자오. 하늘이 형체를 갖추어 주었는데도 당신은 궤변으로 천하를 떠들썩하게 만들고 있소."(「덕충부」)

좋아하고 싫어하는 감정에서 벗어나라는 주장이 상식과 너무나 다르다. 우리는 좋고 싫음이 분명하지 않은 사람을 만나면 답답해한다. 친구를 만나든 이성을 만나든 좋아하는 것은 무엇인지, 싫어하는 것은 무엇인지를 제일 먼저 알고 싶어 한다. 그래야 상대방의 마음을 얻을 수 있고, 공연히 기분 나쁘게 만드는 실수를 저지르지 않기 때문이다. 만약 좋고 싫은 감정이 분명하지 않은 사람을 만나면 신뢰할 수 없다고 생각한다. 속에 무슨 생각이 들어 있는지 알 수 없으니 다가서기도 어렵고, 설사 관계가 이어진다고 해도 꺼림칙하다. 하지만 장자는 좋고 싫음의 감정이 안으로 자신을 상하게 만든다고 한다. 우리의 경우를 뒤돌아보면 이해 못할 일은 아니다. 사람이든 사물이든 무언가를 좋아하는 감정은 집착을 만들기 쉽다. 사랑하는 이성을 만나면 오직 나의 울타리 안에 있어야 한다며 서로를 구속하기 일쑤다. 다른 종류의 관계라 하더라도 어떤 기대를 갖고 자신의 틀 안으로 들어오기를 바라면서 서로를 제약한다. 반대로 무언가를 싫어하는 감정은 격한 실망과 분노를 만든다. 심한 경우 잠을 이루지 못할 정도로 가슴에 증오와 응어리를 키운다. 그렇기 때문에 장자가 보기에 좋고 싫은 감정은 자신의 정신을 소외시키고 정력을 낭비하게 만든다. 집착과 분노에 휩싸여 있을 때 정신은 설 자리를 잃는다. 사물과 다른 사람으로 인해 생긴 격정이 정신을 뒤흔들어버리기 때문이다.

좋아하고 싫어하는 감정의 굴레에서 벗어날 때 자기의 정신과 진정한 인간관계를 회복할 수 있다. "성인은 사람의 형체를 지니고 있기 때문에 사람들과 어울리고, 사람의 감정이 없기 때문에 시비가 몸에 붙지 않는다."(「덕충부」) 사람의 관계에 금이 가고 서로를 배척하게 되는 것은 매사에 인위적인 분별 기준을 가지고 시비를 가리려는 버릇 때문에 생겨난다. 만약 좋고 싫음의 구별에서 자유롭다면 시비의 욕구를 덜어내고, 자신을 본래의 자기 그대로, 상대를 본래의 상대 그대로 바라보며 접근할 수 있다.

옳고 그름에서 좋고 싫음을 찾는 유가

그래도 여전히 인간에게 본래 좋고 싫어하는 감정이 없다는 장자의 말이 쉽게 다가오지 않는다. 생각해보면 아주 어린 아이조차 좋고 싫음을 구별하여 감정으로 드러내는 모습을 자주 만난다. 그러므로 인간이 본래 그러하다는 태도가 억지처럼 들리기 십상이다.

남송시대 화가로 풍속화를 즐겨 그린 이숭李嵩의 〈시담영희도市擔嬰戲圖〉는 아이들의 감정을 재미있게 표현한다. 동네를 찾아온 방물장수와 아이

이숭, 〈시담영희도〉, 1210년

들이 주인공이다. 방물장수는 일상생활에 필요한 온갖 물건을 갖고 다니면서 파는 행상이다. 어깨에 들쳐 멘 판매대에 잡다하고 신기한 물건이 가득하다. 판매대에 여러 층으로 넣은 것만으로는 부족한지 옷에도 주렁주렁 매달았고, 심지어 모자에도 작은 물건들을 꽂았다. 화장품, 장식품, 패물, 살림도구 등 여성용품만이 아니라 아이들의 장난감도 인기 품목이었다.

방물장수가 동네에 오면 아이들이 몰리기 마련이다. 아니나 다를까 아기에게 젖을 물리고 있는 엄마보다 먼저 한 아이가 판매대로 달려든다. 자

그림으로 읽는 장자

기 눈에 꽂힌 물건이 너무나 좋아서 어쩔 줄 몰라 하며 엄마에게 사달라고 조르는 듯하다. 수줍은 듯 엄마의 치맛자락을 붙잡고 있는 아이들도 각자 마음에 드는 걸 보았는지 손가락으로 가리키며 즐거워한다. 심지어 젖을 먹던 아기도 눈길과 손길이 자꾸 방물장수의 물건들로 향한다.

아이는 물론이고 젖을 떼지 못한 아기조차도 좋아하는 것에 대한 표현이 분명하다. 좋아하는 것을 보면 얼굴이 환해지면서 웃음을 머금는다. 감정 표현이 어른보다 직설적이어서 좋아하는 마음이 생기면 만지고 싶어 엉덩이가 들썩인다. 좋아하는 것만큼이나 싫어하는 것에 대한 감정도 뚜렷하다. 아기일 때조차 고개를 돌리거나 가로저으며 인상을 찌푸린다. 말을 배우면 곧바로 "싫어!"라며 자기감정을 숨기지 않는다. 현실이 이러하니 인간에게 본래 감정이 없다는 말이 생뚱맞게 느껴지는 게 당연하다.

장자의 말을 꼼꼼하게 봐야 말하고자 하는 바를 제대로 이해할 수 있다. 우리가 어릴 때부터 자연스럽게 갖는 감정을 부정하는 게 아니다. "그건 내가 말하는 감정이 아니오."라는 장자의 말이 이에 대한 대답이다. 그럼 본래 어떤 감정이 없었고, 어디에서 벗어나라는 말일까? 장자는 "자기 삶에 이익을 주려 하지 않는 것"이라는 명확한 기준을 제시한다. 자기 삶에 이익이 되는가를 기준으로 좋고 싫은 감정을 갖는 것을 의미한다.

아이들이 장난감을 좋아하는 것은 나중에 자기 삶에 이익이 되리라는 기대 속에서 생기는 감정이 아니다. 즉흥적이고 직접적인 감정 표출이다. 사랑하는 가족이 심각한 질병에 걸리거나 세상을 떠날 때 슬픔이 찾아오는 것도 이익과 무관하게 자연스럽게 찾아오는 감정이다. 인간으로서 본래 갖는 기본적 감정 표현은 문제될 게 없다.

장자가 보기에 문제는 이익을 중심으로 한 감정의 출렁임이다. '이익'은 다양한 측면으로 연결된다. 먼저 "나무에 기대서면 읊조리고, 오동나무 베개를 베면 잠을 자오."라는 것은 경제적 이익을 염두에 둔 것이다. 나무 그늘에서 쉬고 몸을 눕혀 잘 수 있으면 족하다. 하지만 현실에서 사람들은 혼을 빼앗길 정도로 더 큰 집, 더 화려한 옷, 더 비싼 장신구 등을 좋아한다. 부의 정도가 사람을 평가하는 기준이 되어버림으로써 정신은 소외된다. 게다가 더 많은 부를 위해 전 생애를 노동에 매달리다시피 함으로써 정력을 낭비한다. 혹시라도 가진 것을 잃지 않을까 전전긍긍하고, 보다 많이 갖기 위해 노심초사한다.

감정에 대한 장자의 비판적 시선은 사적인 이익을 넘어서 더 넓은 곳으로 향한다. 대화 상대가 유가 경향의 혜자라는 점을 고려해야 한다. '천하를 떠들썩하게' 만드는 '궤변'에는 유가의 가치관이 포함된다. 『논어』의 단언에서 보이듯이 좋고 싫음을 명확히 구분한다.

오직 인한 사람만이 남을 좋아할 수도 있고, 남을 미워할 수도 있다.(「이인里仁」)

어린아이 때부터 갖는 자연적 감정으로서의 좋음과 싫음이 아니다. 감각적 취향으로 구분하는 것이 아니라 뚜렷한 기준이 있다. '인'이 좋고 싫음의 핵심 잣대다. 인에 일치하거나 근접해 있다고 판단하는 사람은 흠모와 공경의 대상이 된다. 반대로 인에서 벗어났다고 여겨지는 사람은 혐오와 경멸을 받는다.

그림으로 읽는 장자

공자에게 좋음과 싫음은 의나 불의처럼 옳고 그름의 분별에서 생기는 감정이다. "올바른 것을 아는 사람은 좋아하는 사람만 못하고, 좋아하는 사람은 즐기는 사람만 못하다."(「옹야」) 여기에서 올바름과 좋음과 즐거움은 별개의 상태가 아니다. 하나로 인해 다음의 것이 순차적으로 이루어지는 발전 단계다. 출발과 기본 바탕은 올바름에 있다. 올바름과 무관한 좋음이나 즐거움은 진정한 감정이 아니다. 공자에게 올바름은 당연히 인과 의, 예와 같이 유가에서 지속적으로 강조하는 가치다. 일차적으로는 올바름을 명확하게 알아야 한다. 단순히 인식할 뿐 아니라 좋아하여 행동할 때 더 바람직하다. 나아가 평소에 자연스럽게 올바름을 즐기는 경지가 최고 단계다. 당연히 인과 의, 예에 합당하지 않은 사고와 행위는 반대의 경로를 밟는다. 문제는 서로의 다름을 옳고 그름으로 분리하고, 나와 가치가 다르다는 이유로 타인을 미움과 혐오, 분노의 대상으로 삼음으로써 서로를 과도한 감정 상태로 몰아넣는다는 점이다. 이로 인해 마음의 평안이 깨지고 상호 갈등의 골은 깊어진다. 단순한 갈등이라면 그나마 낫겠지만, 옳고 그름의 분별에서 초래된 차별적 인식이 좋고 싫음이라는 격한 차별적 감정과 결합됨으로써 문제를 더욱 악화시킨다.

현대인의 감정 과잉과 완전한 비움을 권하는 노자

유가가 옳고 그름이라는 기준으로 감정에 질서를 부여했다면 현대인의 감정은 이윤 논리까지 덧씌워진다. 대중매체를 통해 대량 유포되는 자본

논리가 감정의 보육자 역할을 맡는다. TV 드라마나 영화, 연예 프로그램 등에 나타나는 감정 과잉이 그대로 전이된다.

TV 드라마는 시청자의 흥미를 자극하기 위해 감정을 과잉된 형태로 표현한다. 노여움과 분노, 절규에 가까운 울음이 가장 흔하다. 재벌가와의 혼인 과정에서 발생하는 갈등, 남녀 사이의 삼각관계, 출생의 비밀에 이르기까지 극단적인 충돌 장치가 상습적으로 사용된다. 고성이 오가는 말다툼 장면이 이어진다. 마음을 후벼 파는 험악한 단어로 혐오감을 표현한다. 물건을 집어던지거나 격렬한 몸싸움이 결합되면 감정의 폭발 효과는 더욱 커진다. 감정의 과장은 싫음만이 아니라 좋음에서도 나타난다. 이것은 '개그'나 리얼 버라이어티 쇼와 같은 연예 프로그램이 담당한다. 의미 없는 말장난이 쏟아지고, 과도하게 꾸며진 박장대소가 터진다. 웃음을 유발하기 위해 스스로의 치부를 드러내거나 망가뜨리는 자학 개그가 판을 친다. 혹은 보통 자극으로는 더 이상 성에 차지 않는지 세상에서 가장 추한 모습으로 만들어버리는 분장 개그도 등장한다.

미디어의 감정 과잉은 자본의 이윤 극대화 논리가 만들어낸 결과다. 주요 수입원이 광고비이기에, 더 높은 시청률을 위해 자극적인 프로그램을 만든다. 자극 역시 한계 효용을 적용받기 때문에 보다 강한 자극을 요구한다. 시청자의 눈과 귀를 사로잡는 가장 좋은 자극은 감정 폭발이다. 특히 방송사 간의 경쟁을 통해 감정 과잉은 상한선 없이 가파르게 오른다. 즐거움과 노여움, 환호와 절망 등 좋음과 싫음의 감정을 대량 소비한다.

미디어에서 연출된 과잉은 현대인의 일상에서 필요 이상의 감정을 만들어낸다. TV에서 제조된 유행어를 남발하면 요란한 웃음소리로 화답한다.

그림으로 읽는 장자

미디어에서 연출된 혐오나 분노의 정도가 높아갈수록 일상의 감정 표출도 거칠어진다. 자기 취향에 상반된 사람을 만나면, 뒷자리에서 염치없거나 죽일 놈이 되기 일쑤다. 사소한 일로 실랑이가 벌어지면 감정의 여과장치를 상실한 듯 몇 단계 거치지도 않고 곧바로 격한 고성이 오간다.

인류 역사상 그 어느 시대보다 감정이 극단으로 치닫는 현대인에게 감정의 롤러코스터에서 내려오라는 장자의 권유는 값지다. 물론 좋고 싫음의 감정에서 벗어나라는 권유가 장자의 고유한 주장은 아니다. 장자에 앞서 기존 도가의 수원지 역할을 하는 노자도 『도덕경』에서 감정의 소용돌이에서 빠져나오라고 권한다.

완전한 비움에 이르러라. 참된 고요를 지켜라. 온갖 것 어울려 생겨날 때 나는 그들의 되돌아감을 눈여겨본다. 온갖 것 무성하게 뻗어가나 결국 모두 뿌리로 돌아가게 된다. 뿌리로 돌아감은 고요를 찾음이다. 이를 일러 제 명命을 찾아감이라 한다.

노자는 완전한 비움을 통해 참된 고요에 도달하라고 한다. 참된 고요란 아예 말을 하지 않거나 다른 사람의 말을 듣지 않는 침묵이 아니다. 어떤 경우에도 마음이 흔들리지 않아 평정에 이른 상태다. 평정을 유지하지 못하고 감정의 출렁임에 빠지는 것은 온갖 것에 어울리기 때문이다. 온갖 것은 세상을 살아가면서 접하는 수많은 인위적 분별이고, 이로 인해 좋고 싫음의 감정에 속박된다는 것이다. 마음을 흔드는 일체의 요소를 완전히 비우기 위해서는 뿌리로 돌아가야 한다.

김홍도,
〈과로도기도〉, 18세기 후반

김홍도金弘道의 〈과로도기도果老倒騎圖〉는 신선이나 고승을 그린 조선시대 도석화의 대표작으로, 노자가 말하는 되돌아감이나 뿌리로 돌아감의 의미를 되새기게 한다. 과로는 도가에서 여덟 신선으로 통하는, 당나라 때의 신선 장과로다. 제목은 '장과로가 나귀를 거꾸로 타고 가다'가 된다. 백발노인이 나귀를 거꾸로 타고 가면서 책을 읽는다. 어디로 향하는지에 별 관심이 없는 듯하다. 그의 시선은 오직 지나온 길과 책으로 향한다.

당나라 역사를 담은 『구당서舊唐書』에 의하면 과로가 신선이 된 후 나귀를 거꾸로 타고 천하를 주유했다고 한다. 그는 중국의 여러 신선도에 이 모습으로 등장한다. 단지 독특한 습관이나 기행일까? 보통 그를 소개할 때 다음의 시가 함께 쓰인다. "많은 사람을 들어보아도, 이 늙은이 같은 이 없네. 나귀를 거꾸로 탄 게 아니라, 모든 일을 되돌아보기 위해서라네."

인생에서 앞을 향해 나아감은 도달하기를 바라는 어떤 기대를 상징한다. 사람들이 좋아하는 것, 즉 갖거나 누리고 싶어 하는 것을 향한 발걸음이다. 여기에 가까워질 때 좋은 감정이 솟아난다. 반대로 멀어질 때 실망, 절망, 분노 등의 싫은 감정이 들끓는다.

대부분의 경우에 두 감정은 동전의 양면처럼 서로를 동반한다. 앞으로 나아갈 때 노자의 말대로 온갖 것이 얽히고 사방으로 뻗어간다. 기대하는 바가 돈이나 지위라면 경쟁 과정에서 수많은 이해관계가 작용한다. 혹은 덕이나 올바름처럼 사회적·규범적 가치를 지향한다면 분별 과정에서 논란에 휩싸인다. 기준에서 벗어난 사람들에 대한 멸시와 차별이 뒤따른다.

나귀를 거꾸로 타는 행위는 앞을 향해 질주하며 생기는 감정의 출렁임에서 벗어나는 태도다. 마음의 평정을 허물어뜨리는 기대나 낙담에서 벗어나기 위해서는 뿌리로, 인간의 본래 상태로 되돌아가는 생각의 전환이 필요하다. 노자가 말하는 '완전한 비움'이란 분별에서 벗어남이다. 참된 고요를 위해서는 각종 규범으로 구별하기 이전의 상태, 인간 본연의 상태로 되돌아가야 한다. 장과로가 나귀를 거꾸로 타는 행위는 이를 비유한다.

우리는 흔히 '내 안에 내가 너무 많다'라는 말을 한다. 그런데 대부분 내 안에 있는 나는 진정한 의미의 본래 나이기보다는 성장하는 과정에서 사회로부터 주입받은 나, 사회화 과정을 통해 상식으로 자리 잡은 정상과 비정상, 우월과 열등, 도덕과 비도덕 등의 잣대로 평가된 나이다. 완전한 비움은 이러한 인위적 가치에서 벗어난 무위 상태를 뜻한다.

성장 과정에서 외부를 통해 들어온 것이 마치 본래의 나인 것처럼 위장되기 이전의 상태로 돌아가야 한다. 이것이 '명命', 즉 본래 그러하도록 되어 있는 바를 회복하는 것이고, 그 길을 찾는 것이 곧 지혜. '되돌아감'을 통해 비로소 고요를 만날 수 있다. 좋고 싫음의 감정이 지배하는 격정의 상태에서 벗어나 고요에 이른다.

우리는 감정에 어떤 태도를 지녀야 하는가?

노자에 이어 장자도 기본적으로는 인간 본래의 자연스러움에 순응함으로써 속박에서 벗어나라고 권한다.

때에 안정되고 자연 변화에 순응하면 슬픔이나 즐거움이 끼어들 수가 없게 되오. 이것이 이른바 속박으로부터의 해방이오. 속박으로부터 스스로를 해방시키지 못하는 것은 사물이 그를 동여매고 있기 때문이오.(「대종사大宗師」)

하지만 노자의 권고를 접하면서 대부분의 사람은 허망한 느낌을 받는다. 신선의 경지에서만 실천 가능하고, 일반 사람들에게는 무관하게 다가온다. 보기에는 군침이 흐르지만 실제로는 먹을 수 없는 그림의 떡처럼 말이다. 여전히 갑갑함과 아쉬움이 남는다.

깊은 산속에서 도를 닦는 선인이나 도승이라면 모를까, 현실의 사람들은 살아가면서 수많은 우여곡절을 겪는다. 계획한 바를 실현하기도 하지만 실패로 끝나기도 한다. 최선을 다해 노력했다고 해서 만족할 만한 결과가 오리라는 보장도 없다. 도저히 맞지 않는 사람과 관계를 맺고 일하는 경우도 적지 않다. 믿었던 사람에게 배신을 당할 수도 있다. '완전한' 비움이나 고요, 즉 일체의 감정 변화에서 벗어난 경지가 아주 먼 나라 이야기로 들린다.

장자의 고민은 바로 여기에서 다시 시작된다. 감정이 없다면 어찌 사람이겠냐는 혜자에게 "그건 내가 말하는 감정이 아니오."라고 답하고, "자기 삶에 이익"을 주려는 과정에서 생기는 감정의 출렁임으로 한정하는 것이 고민의 일단을 보여준다. 만약 이러한 고민이 없었다면 장자는 노자의 아류쯤으로 전락한다. 바로 위에서 말한 "때에 안정되고 자연 변화에 순응"하라는 말도 보다 깊이 있게 볼 필요가 있다.

자연에서도 화창한 날만 지속될 리가 없다. 자연도 항상 '변화'한다. 전혀 예상치 못하게 갑자기 비가 내려 낭패를 맛보기도 한다. 비바람이나 눈보라가 치는 날도 있다. 비바람이 몰아친다고 해서 하늘에 대고 격한 분노를 쏟아내지 않듯이 과도한 감정의 속박에서 벗어나라고 한다. '완전한' 비움이나 고요가 아니라, 현실의 인간이 그러하듯이 불가피하게 우여곡절을 겪더라도 자연 변화에 순응하듯이 자연스럽게 여기라고 것이다.

일체의 즐거움과 슬픔에서 벗어난 고요를 권하는 게 아니다. 장자는 좋음에 근거하는 즐거움을 가지라고 한다. "과연 즐거움이란 있는 것일까, 없는 것일까? 나는 무위야말로 진실한 즐거움이라 여긴다. 세속에서는 그것을 크게 괴로운 것으로 여긴다. 지극한 즐거움이란 즐거움을 초월하는 데 있다."(「지락至樂」) 가짜 즐거움을 거부하고, 진정한 즐거움을 찾으라고 한다. 자연 변화에 따르듯이 자연스러운 감정 변화라면 부정할 이유가 없다.

장자가 명시적으로 언급하지는 않았지만, 작은 단서를 실마리 삼아 조금만 더 문제의식을 밀고 나가면 간직할 만한 가치가 있는 감정들을 추려낼 수 있다. 가슴이 두근거리는 사랑의 감정, 함께 있는 것만으로도 든든해지는 우정의 감정, 타인의 불행에 대한 연민과 공감, 삶의 행복에서 우러나오는 기쁨 등의 감정은 소중하다. 현실과 밀착된 상태에서 자연스럽게 우러나오는 감정은 우리를 풍부하게 한다.

자연 변화를 따르는 바람직한 감정을 조금 더 넓혀보자. 하늘이 만물을 고르게 하는 것이 자연의 원리라고 할 수 있다. 그러면 만물을 고르게 하기 위한 좋고 싫음의 감정은 성립할 수 없을까? 또한 인위적인 분별을 통한 옳고 그름의 시비가 만들어내는 감정이 문제라면, 인위적이지 않은 판단에 기초한 좋고 싫은 감정은 성립할 수 없을까?

그림으로 읽는 장자

말이 어려울 수 있으니 현실의 예를 들어 생각해보자. 인과 의, 예와 같은 인위적 도덕률은 주관적·상대적인 데다가 막연하다. 얼마든지 다른 평가와 판단이 가능하다. 하지만 특정 세력의 탐욕으로 인해 초래된 다수의 기아, 흑인을 비롯한 소수 인종에 대한 구조적 차별과 인권 유린, 아우슈비츠에서의 대량 학살, 히로시마 핵폭탄 투하, 관타나모 기지에서 자행된 고문 등을 그르다고 하는 것을 인위적 분별이라고 할 수 없다. 이것은 객관적으로 지양되어야 할 상태다. 또한 만물을 고르게 하는 하늘의 원리에서도 벗어난다. 하늘의 원리가 실현되기 위해서는 지양되어야 할 상태다. 만약 그러하다면 대규모 기아나 극단적 빈부격차가 나타나는 현실에 대한 분노는 인위적 분별과 시비가 아닌, 자연에 따르는 감정이라 할 수 있지 않을까? 오히려 이를 통해 정신은 소외가 아닌, 자신을 보전하고 실현할 수 있지 않을까?

현실 사회는 한편으로 사적인 성격의 감정은 과잉 상태이지만, 다른 한편으로 사회적으로 명백한 차별과 억압에 저항하는 공적인 성격의 감정은 결핍 상태에 머물고 있다. 장자의 주장이 과연 이러한 문제에 대해서조차 감정을 지녀서는 안 되고 고요함에 머물라는 것일까? 특히 현대사회와 같이 다양한 공적 영역이 존재하고, 직접 정부에 산하로서 참여하는 방식이 아니라 하더라도 다양한 저항의 공간과 방법이 존재하는 상황에서 공적·객관적 성격의 분노는 정당화될 수 있지 않을까? 자유로운 사고와 삶을 위해서도, 가짜와 진짜 감정을 구별하기만 한다면 좋음과 싫음을 지녀야 하지 않을까?

제2장

진정한 행복으로 가는 길

지금 살아 있다고 느끼는가?

자연의 본성에 순응하는 삶을 살다

쓸모와 쓸모없음의 경계에 서다

삶의 보전에서 가치를 찾다

죽음과 삶을 하나로 보다

莊子

형체를 받고 태어났으면 몸을 손상시키지 않고 다해지기를 기다려야 한다. 인생을 뜀박질하듯 살아가면서 발길을 멈추지 못하면 매우 슬픈 일이 아니겠는가? 평생을 발버둥 치면서도 이루어놓은 공이 하나도 없고, 일에 지쳤으면서도 일의 귀결을 알지 못하면 어찌 가엾지 않은가? 죽지 않았다고 말한들 무슨 보탬이 되겠는가? 육체 노화를 따라 마음도 늙으면 어찌 큰 슬픔이라 말하지 않을 수 있는가? 사람의 삶이란 본시 아둔한 것일까? 나만이 홀로 아둔하고, 다른 사람들은 아둔하지 않은 것일까?(「제물론」)

지금 살아 있다고
느끼는가?

다람쥐 쳇바퀴 위에서 내려오지 못하는 인생

김홍도의 〈수차도水車圖〉는 현대인들의 일상을 보여주는 듯하다. 수차는 논과 밭에 물을 공급하는 농사용 도구다. 빗물과 도랑에만 의존하는 기존 관개시설은 오랜 기간 비가 오지 않으면 물을 대기 어렵다. 수차는 강으로 부터 논밭으로 물을 퍼 올린다. 발로 밟아 물을 공급하기에 답차라 하고, 용의 긴 등뼈가 연상된다고 해서 용골차로 불리기도 했다.

청년이 지팡이를 짚고 물을 푸는 두 바퀴 사이에서 발판을 힘차게 밟는다. 몸의 중심을 잃지 않기 위해 달아놓은 줄을 잡고 일에 열중한다. 온몸이 땀에 흠뻑 젖어 있을 듯하다. 우리나라는 워낙 많은 물이 필요한 벼농사가 중심이기에 쉬지 않고 발판을 돌려야 했으리라. 등짐에는 하루 종일 일하다 짬을 내어 먹을 새참을 넣어둔 게 아닌가 싶다.

흔히 정신없이 같은 일을 반복하며 살아갈 때 '다람쥐 쳇바퀴 도는 인

김홍도, 〈수차도〉, 18세기 후반

생'이라고 한다. 아침부터 밤까지 한눈팔 사이도 없이 바쁘게 살아가는 삶이다. 다람쥐 쳇바퀴 모양의 수차 위에 올라 발판을 밟는 농부의 모습에 숨 가쁘게 살아가는 현대인의 일상이 겹쳐진다. 중국 전국시대에도 사람들은 하루하루 정신없이 바쁜 시간을 보낸 듯하다. 장자는 자신을 손상시키면서까지 숨 가쁘게 달려가는, 일상의 반복에 묶여 있는 현실에 안타까워한다.

형체를 받고 태어났으면 몸을 손상시키지 않고 다해지기를 기다려야 한다. 인생을 뜀박질하듯 살아가면서 발길을 멈추지 못하면 매우 슬픈 일이 아니겠는가? 평생을 발버둥 치면서도 이루어놓은 공이 하나도 없고, 일에 지쳤으면서도 일의 귀결을 알지 못하면 어찌 가엾지 않은가? 죽지 않았다고 말한들 무슨 보탬이 되겠는가? 육체 노화를 따라 마음도 늙으면 어찌 큰 슬픔이라 말하지 않을 수 있는가? 사람의 삶이란 본시 아둔한 것일까? 나만이 홀로 아둔하고, 다른 사람들은 아둔하지 않은 것일까?(「제물론齊物論」)

정신없이 바쁜 나날을 보낸다는 점은 알겠는데, 이어지는 말이 심상치 않다. 몸의 손상은 물론이고 평생을 발버둥 치지만 일의 귀결은 알지 못한다는 게 무슨 소리일까? 왜 살아 있다고 해도 아무런 위안이 되지 못할까? 몸과 함께 마음도 늙어간다는 것은 또 어떤 의미일까? 먼저 뜀박질하듯 살아야 하는 현실을 우리 자신에 비추어 살펴보자.

오늘날 현대인의 삶은 몇 배는 더 하다. 매일 전력질주를 한다. 직장 생활을 생각해보면 전력질주라는 말이 과장은 아니다. 기상 시간을 알리는 알람에 놀라 강제로 눈꺼풀을 벌린다. 피곤 때문에 입맛이 없어 아침도 먹는 둥 마는 둥 몇 숟갈 뜨고 부랴부랴 현관문을 나선다. 대중교통을 이용하든 아니면 직접 운전하든 러시아워에 묶여 평소 이삼십 분 거리를 거의 한 시간 이상 걸려서야 직장에 도착한다.

직장에서도 눈코 뜰 새 없이 바쁘다. 출근 시간보다 일찍 회의가 잡히기도 하고, 저녁에도 상사가 늦은 시간까지 앉아 있어서 울며 겨자 먹기로 늦게 퇴근해야 하는 경우도 많다. 전산화로 업무는 더 빡빡해졌다. 곳곳에 CCTV가 설치되고 업무 감시가 강화되면서 과거에 잠시 숨을 돌릴 수 있던 여지조차 사라져버렸다. 정신적 스트레스도 장난이 아니다. 가족이나 친구 앞에서는 당당한 모습이지만 회사에서는 억울해도 공손하게 순종하거나 눈치 보기 바쁘다.

과연 이러한 삶이 몸을 손상시킬까? 한국사회를 보면 고개가 끄덕여진다. 각종 돌연사 항목에서 거의 세계 최고 수준이다. 교통사고 사망률, 산업재해 사망률, 40대 과로사 등 대부분의 영역에서 1~2위를 다툰다. 왜 교통사고 사망률이 치솟는가? 일이 워낙 많으니 운전을 서두른다. 일은 많고 수면 시간은 부족하니 운전하다 자꾸 존다. 결국 장시간 노동, 과도한 노동 때문이다. 산업재해도 마찬가지다. 작업 중에 추락하거나 기계에 다치거나 죽는 사고인데 피로 누적이 주범이다. 40대 과로사는 말 그대로 과도한 노동 때문이다.

몸과 마음에 나타나는 손상을 모를 리 없을 텐데 왜 무리한 일상을 반복할까? 뜀박질하듯 살아가는 일상이 인간으로서 지극히 정상적인 삶이라고 생각해왔기 때문이다. 보다 정확히 말하자면, 그렇게 여기도록 교육받았다. 끊임없이 자기를 계발하여 세상에 나아가 능력을 발휘하고, 사회로부터 인정을 받는 삶이 가장 값지다는 통념이 생겼다.

유가도 통념에 상당한 영향을 미쳤다. 공자는 『논어』에서 능력을 갈고 닦을 때 유의미한 역할을 할 수 있다고 강조한다. "남이 자기를 알아주지 않는 것을 걱정하지 말고 자기의 무능함을 걱정하라."(「헌문憲問」) 능력이 부족하기에 번번이 기회를 놓친다는 것이다. 그리고 세월은 빠르게 흘러가서 돌아오지 않으니 능력을 인정받을 수 있도록 몰두해야 한다고 말한다.

우리 역시 남이 자신을 알아줄 수 있도록 능력을 쌓는 일에 매진한다. 특히 한국은 어떤 산업사회보다도 능력을 둘러싼 경쟁에 치열하다. 청소년 시절부터 능력 유무의 잣대가 되어버린 살인적 입시 경쟁에 온몸을 던진다. 학교 수업이 끝난 저녁은 물론이고, 휴일에도 학원에서 살다시피 해야 한다. 집은 그저 밤에 들어가서 자고, 아침에 밥 먹고 나오는 곳이다. 취미는 사치스러운 생각이다.

대학생이라고 해서 다를 게 없다. 취업 경쟁은 입시 경쟁보다 더욱 치열하다. 대기업에 입사하려는 경쟁 때문에 대학이 학문 탐구라는 본래 목적을 상실한 지 이미 오래고, 취업 학원으로 전락했다. 졸업을 전후하여 한두 해 안에 들어가지 못하면 기회조차 제대로 주어지지 않기에 필사적으로 매달린다. 학점 관리와는 별도로 스펙 쌓기에 전념한다.

원하는 직장에 들어가도 안심할 수 없다. 직장 생활의 지속을 결정할 무시무시한 승진 경쟁이 숨통을 조이기 때문이다. 피라미드 구조에서 한 단계씩 올라가는 경쟁에서 뒤처지거나 탈락할 경우 정리해고 대상이 되어버린다. 능력을 쌓고 주변에서 인정을 받기 위해 회사에서 원하는 인간형에 철저히 자신을 일치시켜야 한다. 피라미드는 위쪽으로 좁아지기에 나이가 들수록 경쟁이 더욱 치열하다. 게다가 이러한 삶이 불가피할 뿐만 아니라 가장 정상적인 삶이라는 교육과 도덕률까지 덧씌워져 있다. 장자가 지적하듯이 '인생을 뜀박질하듯 살아가면서 발길을 멈추는 것'은 사실상 불가능에 가깝다.

죽은 것과 다름없는 현대인들의 삶

여기까지만 해도 머리가 지끈거리는데, 장자는 멈추지 않는다. "죽지 않았다고 말한들 무슨 보탬이 되겠는가?"라며 더 심각한 생각으로 밀어넣는다. 살아 있더라도 죽은 상태나 마찬가지라는 의미일 텐데, 이 무슨 흉측한 소리인가? 능력과 사회적 인정을 좇는 삶을 사는 그 많은 사람이 사실은 죽어 있는 것이나 마찬가지라고 하니 말이다.

이와 관련하여 '시성詩聖'으로 불리고, 평생 유가적 가치관을 기준으로 삼아 세상에 실현하고자 했던 두보杜甫의 시와 삶은 여러 문제의식을 안겨준다. 그는 〈동곡현에 우거하며〉라는 시에서 이렇게 읊조린다.

남아로 태어나 이름도 못 내고 몸만 이미 늙어서,
3년을 거친 산길 굶주리며 돌았노라.
장안의 재상들 모두 젊은 사람들이니,
부귀는 모름지기 일찍 얻어야 하노라.
산중의 유생들 옛 친구들 많으나,
오직 옛말하며 회포 풀기만 하네.
아아! 일곱 번째 노래를 초연히 마치고,
넓은 하늘 우러러보니 해는 더욱 빨리 가는구나!

청나라 초기를 대표하는 화가 석도石濤의 〈두보시의도杜甫詩意圖〉는 시의 분위기를 전해준다. 그는 두보의 시구를 가져와 화폭에 옮기는 작업을 즐

석도, 〈두보시의도〉, 17세기

졌다. 그림 속 풍경은 나무가 우거진 깊은 산속이다. 높은 산을 단순한 선으로 처리한 것이 풍성한 공간감과 멋스러운 느낌을 준다. 외딴 집 앞에서 두보가 뒷짐을 지고 먼 산을 바라본다. 산 너머를 그리워하며 시를 읊조리고 있을지도 모르겠다. 자연과 벗하며 한가로움을 즐기는 듯 보이지만 시를 보면 사정이 전혀 다르다.

두보는 유교 사상을 체현한 사람으로 자부했다. 그는 공자가 줄곧 강조했던 길, 능력을 닦아 세상에 나아가 뜻을 펼치는 길을 걷고자 했다. 유가의 선비 대부분이 그러했듯이 관직에 진출하여 왕도정치를 실현하려 평생을 노력했다. 하지만 그의 일생은 험난하기만 했다. 그는 과거에 응시했다가 낙방의 고배를 마셨다. 당시 당나라는 반란으로 내전에 휩싸이면서 쇠망의 길로 들어섰다. 두보는 가족을 피난시키고 혼자 왕이 있는 곳으로 가려다 붙들려 연금됐다. 그러나 반란 세력이 약화되자 탈출하여 왕에게 찾아갔고, 공을 인정받아 가까스로 작은 벼슬을 얻었다.

두보는 〈감회를 풀다〉라는 시에 당시의 심정을 담았다. "조정은 나의 생활을 연민해주었고, 옛 벗은 늙고 상한 나를 동정했네. 눈물로써 벼슬 받으니, 유랑한 나에게는 과중한 은총이어라." 그는 멀리 피난 보낸 가족을 찾으러 가기보다는 편지로 생사만 확인했다. 가족의 안위를 사사로이 여기고, 임금에게 인정받아 뜻을 펼칠 수 있는 기회에 더 몰두한 듯하다. 하지만 벼슬은 오래가지 못했다. 〈동곡현에 우거하며〉는 몇 년 후에 관직에서 쫓겨나 떠돌다가 남긴 시다. 이후 약 10년을 가족과 각지로 떠돌며 궁핍과 병고에 시달리다가 죽었다.

시는 남아로 태어나 능력도 제대로 발휘 못하고 몸만 늙은 자신을 한탄하는 말로 시작한다. 장안의 몇몇 신하는 젊은 나이임에도 불구하고 이름을 떨치고 있는데, 자신은 인정을 받지 못하고 세월만 흘렀다. 산중의 유생이 많다고 한 것으로 봐서 같은 처지의 유생이 한둘이 아닌 듯하다. 그들은 고독한 세월을 보내며 옛일의 회상으로 소일할 뿐이다. 두보는 늙은 몸을 재촉하는 빠른 세월을 한탄하며 시를 마무리한다.

이 시기 두보의 시는 생기를 잃은 슬픔과 한탄으로 얼룩져 있다. 옛일을 회상하거나 실의에 빠져 괴로워하는 나날을 진정 살아 있는 삶이라 할 수 있을까? 후세에 시성으로 불리게 되었으니 값진 삶이 아니냐고 할지 모른다. 하지만 후대의 관점이 아닌 당시의 두보로 돌아가서 봐야 한다. 우리는 백 년, 천 년 후가 아니라 바로 오늘을 살기 때문이다. 후대인으로서 슬픔과 한탄을 담은 그의 절절한 문장을 추앙할지 모르지만 그것은 우리의 시야와 관점일 뿐이다.

자신의 경우로 돌아가 보자. 다람쥐 쳇바퀴 도는 인생, 타인의 인정을 위해 오늘의 행복을 미루는 일상에서 살아 있음을 느끼는가? 승진 경쟁에 몰두하다 적지 않은 나이에 도달한 현실을 돌아보면 또 어떠한가? 혹은 자식의 성적과 남편의 승진을 인생 목표로 여기며 육아와 가사에만 쏟아 오다 문득 돌아본 자신은 어떠한가? 우리는 늙음이나 죽음과 무관하게 오늘이 영원히 이어질 것처럼 착각하고 살아간다. 그러다 어느 날 두보처럼 허무한 감정에 휩싸인다.

물론 장자의 지적이 과도하다고 여기는 사람도 있을 것이다. 충분히 젊은 나이에 원하던 공을 이루고 사회적으로 이름을 알리는 사람도 있지 않느냐는 의문 말이다. 확실히 그럴 수 있다. 하지만 상식적으로 과연 몇 명이나 될까? 극소수 중의 극소수에 불과하다. 극단적으로 희박한 확률을 위해 대부분의 사람이 살아 있어도 삶이라고 할 수 없는 나날을 보내야 한다면, 가엾다는 말로는 부족한 비극이다.

마음이 늙는 것은 큰 슬픔이다

이어서 장자는 마음의 노화에 대해 지적한다. "육체 노화를 따라 마음도 늙으면 어찌 큰 슬픔이라 말하지 않을 수 있는가?" 일단 육체의 노화를 참고로 노화의 특성을 생각해보자. 몸의 노화는 기력이 점차 쇠하여 활동성이 약화되고 수동적인 상태로 변한다. 젊을 때는 다양한 신체활동을 통해 끊임없이 몸을 움직인다. 하지만 나이가 들수록 한자리에 머무는 시간이 많아진다. 동적인 상태에서 정적인 상태로, 유연성에서 경직성으로 옮겨간다.

마음의 노화도 비슷하다. 전반적으로 정신이 수동적이고 경직된 방향으로 변해간다. 조선 후기 어진화가 채용신蔡龍臣의 〈김제덕초상金濟悳肖像〉은 몸과 함께 마음이 늙어간다는 말의 의미를 되새기게 한다. 한학자 김제덕이 67세가 되던 해의 초상이다. 그는 일제에게 국권을 강탈당하자 익산으로 들어가 학문에 열중했다. 한 치의 흐트러짐도 없는 옷차림과 몸가짐으로 정면을 응시하고 있어서 깐깐한 선비 분위기를 풍긴다.

환갑을 맞이하는 사람이 드물어서 동네잔치가 열리던 시절이었으니 67세면 몸은 천수를 다 누렸다는 소리를 들을 만하다. 평균 수명이 비교할 수 없을 정도로 늘어난 현대사회에서도 이 정도 나이면 관절이나 근육의

채용신, 〈김제덕초상〉, 1921년

유연함이 사라지고 각 기관도 굳어지는 현상이 생긴다. 하지만 몸의 노화야 어쩔 수 없다고 해도 마음은 얼마든지 젊음을 유지할 수 있는 게 인간이다. 그런데 이 그림의 분위기는 몸만이 아니라 마음도 경직된 상태를 느끼게 한다.

경직성은 상황 변화를 따라가지 못하는 경향으로 나타난다. 19세기 후반에서 20세기 초반은 조선의 격변기였다. 서구에서 시작된 근대화의 물결이 식민지 정책을 등에 업고 쓰나미처럼 밀려들었다. 반세기에 걸쳐 유지되던 주자 성리학 중심의 사고방식으로는 미래의 준비는커녕 기존 체제도 유지할 수 없는 상황이었다. 하지만 그림의 선비는 왼손에 『주자대전朱子大全』을 펼쳐들고 있어서, 기존의 사고방식에서 벗어나지 않으려는 완고함을 보인다.

12세기 송나라 때 활약한 주자의 성리학은 고려 말과 조선 초기에 나름대로 진취적인 역할을 했다. 하지만 조선 중기를 거치면서 역동성보다는 경직성을 보였다. 17세기에 주자학의 대가로 불린 송시열에 이르러 성리학 이외에는 모두 이단으로 몰았다. 가까운 관계였던 윤휴가 『중용』에 주석을 달았는데, 해석이 주자와 차이를 보였다. 그러자 송시열은 "주자가 난 이후로 현저해지지 않은 이치가 하나도 없고, 밝아지지 않은 글이 하나도 없다."라며 비난했다. 나중에 윤휴가 "천하의 이치를 어찌 주자만 알고 나는 모른단 말인가?"라며 항변했지만 소용없었다. 주자의 교리를 다르게 해석하면 사문난적으로 몰렸다.

수백 년 이상 주자의 해석에 글자 하나 바꾸지 못하게 함으로써 유가는 유연성과 역동성을 잃고 화석이 되어버렸다. 상당수 지식인은 유가의 논리로 지탱되던 신분제가 무너지고, 자본주의와 함께 세계의 격변이 몰아닥치고, 국권이 무너지는 상황에서도 수구적인 사고방식에 갇혀 있었다. 주자의 틀 안에서 마음이 심각한 동맥경화 현상을 앓았다.

마음의 노화는 개인의 일상적인 생각에서도 나타난다. 새로운 시도 앞에 용기보다는 걱정이 앞서고 마음이 움츠러든다. 생동감이 사라지고 통념과 관성에 머무르려 한다. 흔히 "나잇값을 해야 한다."라거나 "나이가 든 만큼 철이 들어야 한다."라는 말을 한다. 대체로 나이 들면서 모험보다는 안정, 이른바 '합리적'이라고 불리는 방식으로 사고하라는 주문이다.

합리적인 태도는 많은 사람이 마땅히 그러해야 한다고 생각하는 사고, 통념적 사고를 반영한다. 다수가 공감하는 사고일 때 정상이라고 한다. 여기에서 벗어나면 비정상이라는 딱지를 붙이고 '아웃사이더'로 규정한다. 결국 마음의 노화는 정신이 다수의 통념에 갇혀 벗어나려 하지 않는 경향으로 나타난다. 통념의 범위 내에 머물 때 정신의 역동성은 자취를 감추고 수동과 순응이 자라난다.

나이에 따라 마음의 단계를 구분하는 사고방식도 문제다. 공자는 『논어』에서 스스로의 삶을 뒤돌아보면서 나이를 근거로 마음을 촘촘하게 분별한다.

열다섯 살에 배움에 뜻을 두었고, 서른 살에 자립했으며, 마흔 살에 미혹되지 않게 되었고, 쉰 살에 천명을 알게 되었고, 예순 살에 귀로 듣는 대로 순조로이 이해하게 되었고, 일흔 살에 마음 내키는 대로 좇아도 법도를 넘어서지 않게 되었다.(『위정爲政』)

지금도 공자가 분류한 이립 · 불혹 · 지천명 · 이순으로 나이를 표현할 정도로 오랜 기간 상식처럼 자리 잡았다. 그마저도 공자가 강조한 바와 달리 왜곡된 방식으로 상식을 지배한다. 삼십 세의 자립을 정신적 측면보다는 주로 경제적 · 가정적 자립으로 좁혀버린다. 그리고 이를 위해 십 대에서 이십 대까지의 과정을 한눈팔지 말고 죽어라고 제도교육 안에서 성적 올리기에 몰두하라는 주문 정도로 이해한다. 이래저래 개인의 경제적 동기와 관심 안에 갇힌다.

공자의 원래 의도대로 이해한다 해도 여전히 문제다. 예를 들어, 우리는 "배움에도 다 때가 있다."라는 말을 습관적으로 한다. 배움에 뜻을 두는 시기 자체가 문제다. 사오십 대, 혹은 육십 대에 이르러서 배움에 뜻을 둔들 늦거나 부적절한 게 전혀 아니다. 또한 사십 대의 불혹부터는 대체로 순응적 · 수동적 마음이 두드러진다. 새로운 깨달음을 구하고 정신적으로 도전하는 일을 부자연스럽게 여긴다. 나이가 들면서 보수적인 마음을 가져야 하고, 그렇지 않을 때 나잇값을 못한다는 말을 듣는다. 그것이 마음의 노화를 부추긴다.

마음의 노화가 육체의 노화를 앞질러버리는 경우조차 허다하다. 십 대에서 삼십 대 사이에 정신의 동맥경화 현상이 생겨버린다. 정신의 변화를 기피하거나 거부하고, 탐구하거나 사고의 지평을 확장하는 일이 불필요하다고 생각한다. 이미 세상은 잘 짜여 있어서 스스로 생각할 필요 없이 의존만 하면 된다는 유아적 사고에 사로잡힌다. 사회적 통념이 제공하는 가이드라인 안에서만 사고한다.

장자는 마지막으로 "사람의 삶이란 본시 아둔한 것일까?"라며 묻는다.

아둔하다는 말은 언제 사용하는가? 주로 체험을 통해 잘못을 알면서도 되풀이하여 범할 때 아둔하다고 한다. 일정 연령에 이른 사람들은 상당수가 능력과 이름을 향해 뜀박질하는 삶과 마음의 노화를 경험했다. 평생을 발버둥 치면서도 이루어놓은 공은 없고 나른히 일에 지친 경험을 가지고 있다. 설사 개인적으로 무언가를 이룬다 하더라도 성취감은 잠시고, 오랜 경쟁 과정에서 잃어버린 오늘의 행복과 소중한 가치로 인해 마음속에 공허함을 안고 있다. 내일을 위해 오늘을 희생하기만 하는 삶이 결국 내일에도 또 다른 희생으로 이어질 뿐임을 뼈저리게 체험해왔다. 이 과정에서 마음은 생동감을 잃어버리고 점차 굳어졌다.

우리는 잘못을 되풀이하지 않을 때 우둔함에서 벗어날 수 있다. 하지만 현재의 우리를 보면 여전히 관성의 물결에 떠밀려가는 중이다. 불안감 때문에 경쟁과 관성의 대열에서 벗어나려는 시도조차 못한다. 심지어 자신이 겪어온 과정을 자녀에게 그대로 따라가도록 요구한다. 그것만이 정상이고 합리적 선택이라며 강요한다. 그렇게 우둔함이 다음 세대로 대물림된다.

장자는 우둔함에 취해 있는 우리에게 지금 당장 깨어나라고 한다. 능력과 평판의 덫을 걷어내고 마음의 젊음을 되찾으라고 한다. 만약 사회적 도덕률과 제도가 가로막는다면 단호하게 거부하라고 한다. 깨어 있음으로써 진정한 삶을 찾으라고 한다.

어떻게 깨어 있어야 하는가? 지금 우리가 진정한 삶을 찾으려면 어찌해야 하는가? 적어도 대부분의 사람이 개인으로서 삶의 목표를 꼽는다면 그 첫자리에 행복이 있으리라. 행복처럼 누구나 원하지만 막연하기 짝이 없는 목표도 없다. 솔직히 청소년 시기부터 현재에 이르기까지 해야 할 일을 했지, 하고 싶은 걸 한 기억이 별로 없으니 무엇을 어디부터 손을 대야 하는지 갈피가 잡히지 않는다.

인생이라는 말이 언급되어 너무 거창하게 생각된다면 일단 부담을 내려놓을 필요가 있다. 굳이 삶 전체와 연관된 묵직한 게 아니어도 좋다. 어떤 면에서는 그러한 무게감이 제일 큰 방해가 될 수 있다. 일단 가벼운 마음으로 아주 작은 데서 발을 내딛자.

제일 먼저 무엇을 하고 싶은지를 찾아야 한다. 지금 당장 종이를 한 장 꺼내놓거나 휴대폰의 메모장을 여는 데서 시작이다. 최소한 몇 년 이상이 걸려 '되고' 싶은 게 아니라, 당장 '하고' 싶은 게 무엇인지를 순서 없이 생각나는 대로 나열해보자. 기준은 아주 간단하다. 그걸 하는 순간 왠지 기분이 좋아지는 것, 평소에 생각만 해도 설레는 감정이 찾아오는 것, 시간이 가는 줄 모르고 열중하게 되는 것을 꼽으면 된다.

다음으로는 모두를 동시에 할 수는 없는 노릇이니 우선순위를 매겨야 한다. 덜 중요한 순서로 하나씩 지웠을 때 마지막에 남는 한두 개가 행복한 감정에 가장 가까운 것이리라. 그럼 어떻게 발을 들여놓아야 하는가? 제일 바보 같은 짓이 준비에 긴 시간을 보내는 것이다. 능력을 쌓는 데 세월을 다 보내기보다는 있는 능력 그대로 욕구와 취향을 살려 무언가를 하고 싶다면 일단 지금 가능한 수준에서 저지르고 보는 방식이 옳다.

성급하게 뛰어들었다가 시행착오를 겪으면 어떡하느냐고 걱정하지 말자. 수영을 배우고 싶다면 먼저 물에 들어가야 한다. 미숙해서 허둥대고 물을 마시는 시행착오가 있겠지만 그조차도 즐기면 될 일이다. 수영에 관한 책을 쌓아두고 보거나 체력 단련에 시간을 쏟다가는 정작 하기도 전에 지쳐버린다. 얼마 지나지 않아 손을 놓기 마련이다.

예를 들어, 평소에 미술 창작에 꿈이 있었다면 도화지나 캔버스를 펼쳐 놓고 묘사하고 싶은 모양을 그린다. 붓이든 색연필이든, 하다못해 주변에 널린 검은색 연필이든 아무 상관없다. 그리는 행위 자체가 주는 행복이니 나머지는 다 부차적이다.

청소년 시절에 마음에 품었던 글에 대한 아련한 설렘이 있다면 그것도 마찬가지로 일단 시작하면 된다. 보통 글을 쓰기 위해서는 다양한 정보와 많은 배경지식을 먼저 쌓아야 한다고 생각하기 때문에 주눅이 든다. 하지만 자기 첫사랑에 대한 기억이어도 좋고, 부모님이 살아온 날에 대한 기록이어도 좋다. 혹은 오늘 뉴스에 나온 사회나 정치 기사에 대한 거친 평이어도 좋다. 자기 머리와 손이 가는 대로 일단 서술하는 게 먼저다. 부족한 내용은 나중에 조금씩 채워나가면 된다.

중요한 것은 행복을 내일로 미루고 내일을 위해 오늘 자기 능력을 쌓는 데만 몰두하는 삶, 내일의 지위 상승을 위해 오늘 경쟁에 몰두하는 삶에서 벗어나는 행위다. 당장의 일상에서 이런 경험을 스스로에게 주는 게 중요하다. 고기도 먹어본 사람이 잘 먹는다고 하지 않는가. 삶도 마찬가지다. 아주 작더라도 무언가 자기가 하고 싶은 것을 해본 경험을 갖고 있는 사람이 더 큰 기쁨도 누릴 수 있다.

자연의 본성에 순응하는
삶을 살다

소를 잡되 뼈는 건드리지 않는다

'자연'이라는 말을 들으면 어떤 생각이 떠오르는가? 현대인에게는 평일 내내 일터에 묶여 있다가 휴일이나 휴가 때 교외로 나가 만나게 되는 경치로 다가오기 십상이다. 자가용이나 대중교통으로 한두 시간쯤 나가면 접하는 산·강·바다, 혹은 수목원에서 일주일의 스트레스를 풀곤 한다. 도시의 삶에 지쳤을 때 훌쩍 떠나 일시적으로 기분 전환을 하거나 위안을 얻고 돌아오는 여가 공간으로서의 자연이다.

노년에 접어들거나 퇴직을 앞둔 사람에게는 또 다른 의미로 느껴지는 경우가 꽤 있다. 청년과 장년 시기에는 직장 근접성과 자녀 교육 등의 이유 때문에 대부분 복잡하고 인공물로 가득한 도시에 산다. 하지만 노년에는 귀농이나 귀촌을 하여 자연과 벗하는 단순한 삶을 꿈꾸는 사람이 적지 않다. 즉 인생을 마무리하면서 돌아갈 곳으로서의 자연이다.

〈포정해우도〉, 화상석, 기원전 1세기

청소년 시기의 교육 과정에서는 '자연환경'이라는 개념에 익숙하다. 인간을 이 세상의 중심으로 전제한 후에, 인간에게 영향을 주는 외부 조건으로서의 자연이다. 혹은 최근에는 심각한 지경에 이른 생태계 파괴와 맞물려 보호해야 할 대상으로 여기는 견해도 널리 퍼져 있다. 외적인 조건으로 보든, 일시적으로 의존하려는 공간으로 보든 대체로 주체로서의 인간과 구분된 대상이거나 우리 삶의 일부로 보는 견해다.

장자는 자연을 인간의 토대일 뿐만 아니라 나아가 삶의 근본 원리로 여긴다. 〈포정해우도庖丁解牛圖〉는 이러한 발상을 상징한다. 중국 한나라 시기의 무덤에서 자주 발견되는, 돌에 그림을 새긴 화상석畵像石을 탁본으로 뜬 것이다. 제목은 포정이 소의 뼈와 살을 발라낸다는 뜻이다. 오른쪽에 칼을 들고 서 있는 사람이 소를 잡는 백정인 포정이다. 주인공을 강조하려다 보니 소보다 훨씬 크게 묘사되어 있다. 춤을 추는 듯한 동작이 인상적이다.

왼쪽의 소를 해체 작업하기 직전의 상황이다.

이것은 『장자』의 「양생주養生主」 편에 나오는 이야기다. 포정이 혜왕을 위해 소를 잡았는데, 칼로 소를 분해하는 동작에 아무런 무리가 없었다. 손이 닿는 곳이나 어깨를 기대는 곳, 발로 밟는 곳, 무릎으로 누르는 곳은 마치 원래 그렇게 되어 있던 듯이 살과 뼈가 자연스럽게 떨어져나갔다. 동작은 춤을 추는 듯 막힘없이 부드러웠으며, 칼이 스치는 소리는 음률에 들어맞았다. 혜왕이 "아아, 훌륭하다. 재주가 이런 지경에까지 이를 수가 있는가?"라고 묻자 포정이 칼을 놓고 대답했다.

제가 좋아하는 것은 도로서 재주보다 앞섭니다. 처음 소를 잡을 때는 소의 모습만 보였습니다. 3년 뒤에는 소가 보이는 일이 없어졌습니다. 지금은 정신으로 소를 대하지 눈으로 보지 않습니다. 감각 작용은 멈춰버리고 정신을 따라 움직입니다. (…) 소의 본래 구조에 따라 칼을 쓰기에 힘줄이나 질긴 근육에 부닥뜨리는 일이 없습니다. 하물며 큰 뼈에 부딪치겠습니까? 훌륭한 백정은 일 년마다 칼을 바꾸는데 살을 자르기 때문입니다. 보통 백정은 달마다 칼을 바꾸는데 뼈를 자르기 때문입니다. 저의 칼은 십구 년이 되었으며, 잡은 소는 수천 마리나 됩니다. 그러나 칼날은 숫돌에 새로 갈아 내온 것과 같습니다.

이야기 자체는 평이해 보인다. 가장 하수는 뼈까지 칼을 대기 때문에 수시로 칼날이 상한다. 어느 정도 경지에 도달한 사람은 뼈를 피해 살만 자르기 때문에 훨씬 오래 유지된다. 그리고 최고의 경지는 소가 갖고 있는 본래 구조에서 어긋나지 않으므로 칼에 전혀 무리가 따르지 않는다. 인위적인 데 기준을 두기보다 무위를 중시하라는 권유 정도로 다가온다. 정신이 스스로 무언가를 만들어내는 것이 아니라 자연의 법칙에 일치하여 도에 이른다는 뜻이다.

큰 방향에서는 무리가 없는 이해다. 하지만 구체적인 이해를 위해서는 도를 바라보는 유가 관점과의 구별을 통해 다가서야 한다. 유가에서도 도를 강조하지만 장자와는 출발점이 다른 경우가 많다. 공자는『논어』에서 도를 자연의 원리보다는 일정하게 독립해 있는 인간의 도리에서 출발하는 것으로 여긴다. "예禮의 효용으로는 조화가 귀중하다. 선왕들의 도에 있어서도 이것을 아름다운 것이라 하여 크고 작은 일을 이에 따라 했다."(「학이學而」) 과거에 현명한 임금들이 따랐던 예가 곧 도의 출발점이다.

예의 내용도 인간의 도리에 중심을 둔다. "나의 도는 하나로 관통"된다는 공자의 말이 무슨 뜻인지를 설명하면서 제자인 증자는 "선생님의 도는 충忠과 서恕일 따름"(「이인」)이라고 한다. 충은 진정으로 마음을 다한다는 뜻이다. 서는 공자가 "자기가 바라지 않는 것은, 남에게도 하지 않는 것"(「위령공衛靈公」)이라고 의미를 규정한 바가 있다. 자기가 바라지 않는 것을 남에게도 하지 않는 것이 예의 기준이고, 여기에 따르는 것이 곧 도에 일치하는 길이다.

도가 인간에게서 출발하기에 맹자는『맹자』에서 도를 가까운 데서 찾아야 한다고 강조한다. "올바른 도는 가까이 있는데 먼 곳에서 구하려 한다. 일은 쉬운데 어려운 방법을 찾는다. 모든 사람이 어버이를 어버이로 섬기고, 어른을 어른으로 모시기만 하면 천하는 평화로워질 것이다."(「이루離

裏」) 도는 하늘의 원리처럼 멀고 막연한 데서 나타나지 않는다. 내 가족 혹은 주위의 아이나 어른처럼 가깝고 구체적인 인간관계에서 생긴다.

　장자는 소 잡는 백정 이야기를 통해 도를 바라보는 시선을 인간에서 자연으로 돌린다. 뼈와 살을 자르고 칼이 무뎌지게 된다는 것은, 인간의 생각이 중심일 때 무리가 따르고 자연이나 인간 모두에게 해가 된다는 경고다. 정신은 소의 구조, 즉 자연의 원리를 통찰하고 행동은 이에 합당하도록 이루어져야 한다.

　그러한 의미에서 장자에게 무위란 아무것도 생각하지 않고 아무 일도 하지 않으면서 침묵을 지키는 상태를 의미하지 않는다. 정신으로 소를 대하고, 정신을 따라 움직이는 것이라고 말하듯이 인간의 능동적 정신활동 자체의 부정이 아니다. 또한 자연에 어떤 작용도 하지 말라는 뜻도 아니다. 만약 그러하다면 아예 소 잡는 일 자체를 부정해야 마땅하다. 장자는 다만 능동성이 "소의 본래 구조", 자연이 본래 갖고 있는 구조와 원리, 법칙에서 벗어나지 않도록 작용해야 한다는 점을 강조한다.

　자연의 원리에서 비롯된 도의 운동에 정신과 행위를 순응시켜 나가야 한다. 그러한 의미에서 자기 스스로나 외부에 강제할 필요가 없다. 장자가 일관되게 중시하는, 인위를 넘어선 무위란 이렇게 자연의 원리 안에서 모든 것을 스스로 그러하도록 허용하는 일이다. 직관적 통찰에 근거한 지혜도, 본성에 따른 자발적 행위도 이 안에서 이루어져야 한다.

그림으로 읽는 장자

만물을 타락시키는 인간 중심의 사고

자연의 원리처럼 스스로 자연스럽게 실현되는 본성을 거스를 때 억압이 생겨난다. 우리는 대부분 집에서 강아지나 고양이와 같은 애완동물을 키우면서 스스로 친절한 마음으로 사랑하고 돌본다고 생각한다. 하지만 본질적으로 생각할 때 애완동물을 가두고 키우는 행위가 그들의 본성에 합당할까?

조선 초기의 궁중화가로서 강아지 그림으로 유명했던 이암李巖의 〈모견도母犬圖〉가 좋은 참고가 된다. 어미 개와 세 마리의 어린 강아지를 묘사하고 있다. 제대로 눈도 뜨지 못하고 있어서 태어난 지 며칠 되지 않은 듯하다. 두 마리는 어미의 젖을 물고, 다른 한 마리는 젖을 찾아 낑낑대며 몸을 넘어가는 중이다. 어미 개는 사랑스러운 눈으로 강아지를 바라본다. 모성애를 떠올리면서 감상자의 입가에 흐뭇한 미소가 번지게 된다.

그런데 조금만 더 신경을 쓰면 어미 개의 목을 두르고 있는 붉은 목줄이 눈에 들어온다. 개를 마당에 풀어놓고 기르던 시절이니 특이한 모습이다. 개들은 상대적으로 자유롭게 집을 드나들 수 있었다. 평민의 집이야 대문이나 담이라 할 만한 게 없었고, 높은 담과 튼튼한 대문이 있던 대갓집에도 개구멍이 있어서 언제든지 밖으로 나가 동네의 개들과 어울렸다. 목줄을 채워 묶어둘 일이 거의 없었다.

화가는 붉은색이 선명한 목줄에 눈길이 끌렸던 듯하다. 세부까지 놓치지 않고 공들여 묘사한 흔적이 역력하다. 붉은색으로 물들인 가죽에 쇠고리가 있고, 방울까지 달려 있는 목줄이어서 꽤 부유한 집안에서 키우던 개

이암, 〈모견도〉, 16세기

였으리라. 얼마나 개가 사랑스러웠으면 비싸고 고급스러운 목줄을 해줬을까 생각한다면 큰 착각이다. 개의 입장에서 생각하면 끔찍한 일이다.

우리 목이 항상 가죽에 묶여 있다고 상상해보라. 목줄은 끈을 연결해 고정된 장소에 묶어두거나 데리고 다니기 위해 사용된다. 얼마나 답답하고 신경이 곤두서겠는가. 쇠 방울은 더욱 심각하다. 개의 청각은 인간에 비해 수백 배는 더 예민하다. 움직일 때마다 방울이 딸랑거린다면 소음공해를 넘어 거의 고문 수준이라는 점을 충분히 예상할 수 있다. 요즘으로 치면 시도 때도 없이 트럭의 큰 경적소리가 우리의 귀를 때리는 충격과 비슷하다.

그나마 전통사회의 개는 형편이 더 나았는지도 모른다. 현재 한국에서 애완동물은 대부분 아파트 내부에서 키운다. 갇혀 있는 생활이다. 개들끼리 자유롭게 어울리기도 어렵다. 잠시 짬을 내어 길이나 공원으로 데리고 나갈 때는 모두 목줄을 채운다. 게다가 수컷의 경우 발정기 현상을 막기 위해 강제로 수술을 시킨다. 거실이나 방에 털이 날리지 않도록 수시로 온몸의 털을 기계로 깎는다. 복부나 겨드랑이의 부드러운 살이 쓰릴 수밖에 없다. 개들이 끔찍하게 싫어하지만 강제로 깎으니 어쩔 도리가 없다.

현대의 한국인이 개에게 하는 행위는 대부분 자연에서 살아가던 동물의 본성을 거스른다. 아파트라는 감옥에 가둠으로써 행동을 제약한다. 원할 때 마음껏 뛰어다닐 수도 없다. 다른 개들과의 접촉이 사실상 봉쇄되어 있다. '반려'라고 친절하게 말하지만 전혀 수평적인 관계가 아니다. 개가 자연에서 얻은 본성을 억압하면서 유지되는 순종에 가깝다.

장자도 동물을 대하는 태도를 통해 얼마나 자연의 원리에서 벗어나 있는지를 설명한다. 동물의 본성을 해침으로써 자연의 원리와 도에서 이탈

한다. 도의 본성에서 벗어나 자연에 인위적 강제를 행사할 때 자연은 물론이고 인간 자신조차 왜곡하게 된다. 『장자』 외편의 다음 내용은 인위로 인해 나타나는 왜곡을 경계한다.

제대로 되는 것에 제약이 가해지고 있는데도 제대로 될 수가 있겠는가? 그렇다면 비둘기나 부엉이가 새장 속에 있는 것도 역시 제대로 된 것으로 볼 수 있을 것이다. 또한 좋아하고 싫어하는 것과 소리와 빛깔은 그의 마음을 막아버린다. 가죽이나 새의 깃으로 장식한 관을 쓰고, 홀을 꽂고, 큰 띠와 긴 바지를 입는 것은 그의 외모를 제약하는 것이다. 마음은 울 안에 갇혀 막히고, 외모는 여러 겹으로 줄에 묶인 듯하다. 몸이 줄로 꽁꽁 묶여 있는 듯한 상태임에도 스스로는 본성을 따른다고 생각한다. 그렇다면 죄인이 팔이 뒤로 묶이고 손가락에 깍지가 껴져 있거나, 호랑이와 표범이 우리 속에 갇혀 있어도 본성을 따르는 것이라 할 수 있다.(「천지天地」)

새장 속에 갇힌 새를 본성에 합당하다고 볼 수는 없다. 새에게 먹이를 주고 외부 위협이 미칠 수 없는 안전한 철망 안에 두기 때문에 보호하고 있다고 생각한다면 황당한 생각이다. 호랑이와 표범이 동물원 우리 속에 갇혀 있다면 당연히 억압하고 있다고 느끼면서도, 개나 고양이, 새에게는 보호한다는 생각을 한다. 애초에 자연에 애완동물이라는 종은 없었다. 다만 인간에 의해서 길들여졌을 뿐이다. 오랜 기간 길들여지면서 갇힌 생활을 자연스럽게 느끼도록 왜곡됐을 뿐이다.

그림으로 읽는 장자

일상에서 자연의 원리를 따르는 법

유가의 논리처럼 도를 자연의 원리보다는 내 가족이나 주위의 인간관계, 사람의 도리를 중심으로 여길 때 자연은 부차적인 지위로 떨어진다. 인간의 필요에서 출발하기에 자연은 대상으로 여겨진다. 문제는 자연의 본성에서 벗어남으로써 자연만이 아니라 인간 스스로도 왜곡시켜 놓는다는 점이다.

화려하게 장식한 모자를 쓰고, 복잡한 격식을 갖춘 옷을 입었다는 것은 높은 관직에 진출했음을 의미한다. 입신출세를 당연하고 자연스러운 욕구로 여기는 유가나 묵가의 사고방식은 인간의 본성을 왜곡한다는 비판이다. 지배세력의 이해관계에 갇혀 타인은 물론이고 스스로를 억압하며 살고 있음에도 그것을 당연하게 여기는 잘못을 범한다.

조선 초기 문신이자 화가인 강희안姜希顔의 〈고사관수도高士觀水圖〉는 자연의 원리를 살피고 순응하여 살아가는 삶의 태도를 생각하도록 만든다. 한 선비가 물을 바라보며 생각에 잠겨 있다. 배경에 깎아지른 듯 가파른 절벽을 묘사한 붓질에 거침이 없다. 절벽에 매달려 자라난 넝쿨나무에서 흘러내린 가지와 잎이 절묘한 운치를 만들어낸다.

선비는 세상에서 벌어지는 일에 별 관심이 없다는 듯 유유자적하게 바위에 기대어 흐르는 물을 바라본다. 바위 위에 양팔을 모아 기대어 있는 편한 자세여서 오랜 시간 흐르는 물을 응시했을 것 같다. 단순히 세상의 복잡한 일상에서 벗어나 잠시 자연에서 여가를 즐기는 느낌이 아니다. 물의 흐름을 통해 찬찬히 자연의 원리를 살피며 세상과 삶의 이치를 찾으려

강희안, 〈고사관수도〉, 15세기

는 통찰의 분위기를 느끼게 한다.

물은 높은 곳에 있다가도 낮은 곳으로 흐른다. 비움과 채움이 서로 교차한다. 작은 실개천이 강물로 모여 가장 넓은 물인 바다가 되지만, 다시 증발하여 구름에 맺힌 작은 물방울로 돌아간다. 물이 그러하듯이 자연 안에 스스로 존재하고 변화하는 원리는 장자만이 아니라 『주역』의 곳곳에서도 제시된다. "평탄하기만 하고 기울어지지 않는 것이 없고, 가기만 하고 돌아오지 않는 것은 없다."(「지천태地天泰」) 왕필의 해석에 의하면 양기와 음기가 서로 작용하여 올라가려는 경향과 내려가려는 경향이 생김으로써 변화와 조화가 일어난다. 그렇기 때문에 가면 돌아오지 않음이 없고, 평평해지면 다시 기울어진다.

자연은 스스로의 원리에 따라 평탄함과 기울어짐, 나아감과 되돌아옴이 생긴다. 자연의 법칙은 사물 외부의 힘이 아니라 안에 있는 운동의 조화를 표현한다. 자연은 외부의 어떤 개입 없이 자신의 원리를 실현한다. 인간의 정신이나 외부 작용과는 독립적으로 자연 자체에 변화의 힘과 원리가 있으므로 순응하라는 것이다.

자연의 원리에 따른 삶이란 구체적으로 무엇일까? 현실에서는 인위적인 삶조차 자연에 따른 행위라며 정당화하기에 구별이 쉽지 않다. 예를 들어, 사자나 호랑이가 '동물의 왕'으로 군림하듯이, 인간 세계의 신분이나 권력도 자연의 원리에서 벗어나지 않는다는 논리를 제시한다. 하지만 이러한 논리는 조금만 자세히 살피면 허구에 불과하다. 동물은 먹이사슬에서 생존을 위해 사냥할 뿐이다. 그나마 생존에 필요한 최소한의 먹이를 구한다.

사자가 사슴이나 말을 가두거나 통제하여 본성을 억누르는 게 아니다. 다른 동물들은 본래 살아가던 그대로를 유지한다. 그러한 의미에서 '지배' 가 아니다. 하지만 인간 세계에서 정치적 권력은 전형적인 지배를 보여준 다. 물리적 폭력, 법과 제도 등을 통해 사회 구성원의 일상을 규제한다. 경 제적 권력은 노동자들의 밥줄을 끊어버리는 힘도 행사한다.

권력은 타인을 억압할 뿐만 아니라 스스로를 불행에 빠뜨린다. 서로 독 자적인 삶의 형태를 인정하고 올라가면 내려오게 되어 있는 게 자연의 원 리이지만 이를 거스르면서 자신의 안위도 늘 위협 받는다. 인류 역사에서 보면 권력자들은 지위를 차지하고 유지하기 위해 평생을 불안에 휩싸여 산다. 얼마나 많은 권력자가 자리를 둘러싼 암투 속에서 독살을 당하거나 자객의 칼에 무참하게 죽어야 했는가. 내려가지 않기 위해 노심초사하고, 혼자서 자유롭게 밖을 나다니지도 못한다.

어디 권력이 국가 권력으로만 제한되겠는가. 직장을 비롯한 사회 곳곳 에도 권력의 논리는 작동한다. 권력의 욕구와 강자의 논리에 속박되어 사 는 사람이 많다. 어떤 환경이든 타인의 자율적인 삶의 방식을 인정할 때 자신 역시 자유와 안정을 누릴 수 있는 게 자연의 원리다. 통제 중심의 수 직 관계보다는 공존과 공생을 향한 수평 관계가 자연에 가깝다.

일상의 삶에도 자연의 원리는 긴밀하게 연결된다. 자연 어디에도 생존 의 필요를 넘어서는 무제한적인 소유를 위해 일생을 발버둥 치며 피곤하 게 사는 존재는 없다. 무소유까지는 아니어도 생활에 필요한 정도의 소유 를 넘어서는 집착을 경계할 때 일상의 즐거움으로 시선이 향한다. 직업에 삶을 송두리째 저당 잡히는 현실에서 벗어나 일을 생활의 방편 정도로 여

그림으로 읽는 장자

길 때 마음 안에 행복한 감정이 자리 잡을 수 있는 가능성이 열린다.

자연의 원리는 꼭 귀촌을 하여 농사를 지어야만 따르는 게 아니다. 도시에 살더라도 자기 성찰을 통해 얼마든지 적용하고 실천할 여지는 넓어진다. 일을 생활의 방편 정도로 여기기 위해서는 어떤 변화가 필요할까? 몇 가지 실천적인 변화를 떠올릴 수 있다.

퇴근 이후에 일에 대한 생각을 털어버리는 것, 친구나 선후배들을 만나서도 직업에 연관된 대화 소재를 아예 꺼내지 않는 것, 미혼이든 기혼이든 사랑하는 사람을 만났을 때 직장이나 직업에 관련된 얘기에 선을 긋는 것 등이다. 승진에 대한 생각을 아예 갖지 않을 수는 없다. 하지만 강박관념에 이를 정도면 문제다. 동료 가운데 제일 빠른 승진에 목을 매서 일상의 즐거움을 포기할 정도면 강박관념이다. 그 자리를 다른 이야기와 욕구로 채워 넣을 때 비로소 직업 생활이 아니라 삶으로서의 생활이 일상의 중요한 한 부분으로 자리 잡는다.

더 많은 소비를 위해 더 많이 일해야 하는 악순환의 굴레에서 한 발 벗어나는 일도 그 일환이다. 생활에 필요한 정도를 넘어서는, 필수적이기보다는 과시를 위한 소비를 위해서는 대부분 평생 죽어라고 일하는 기계로 살아야 한다. 더 많은 소유와 소비를 위한 더 많은 노동은 필연적으로 자연적 감정을 잃고 황폐화된 정신을 낳는다. 내면은 평안을 상실하고 무언가에 쫓기는 상태에서 벗어나지 못한다. 늘 조바심 속에서 살아가게 된다.

생활의 단순화가 악순환의 굴레에서 벗어나는 하나의 방법이 될 수 있다. 이를 위해 할부의 연쇄 고리에서 벗어나야 한다. 집과 자동차, 나아가 TV, 냉장고, 컴퓨터, 휴대폰 등 대부분의 물건을 할부로 구입하는 이상 물질의 노예로 살아가게 된다. 최소한의 인간다운 삶을 유지할 정도의 작은 주거 공간, 불편함을 느끼지 않을 만큼 필수적인 전자 제품과 가구로 제한할 때 새로운 길이 열린다.

현대사회에서 생태적인 생활 노력도 자연의 본성에 순응하는 삶과 상당한 연관성을 지닌다. 예를 들어, 육식을 중심으로 한 일상은 단순한 생활방식을 가로막는다. 외식의 단골 메뉴가 고기고, 배달음식을 포함한 간식도 육류가 넘친다. 햄버거와 같은 패스트푸드까지 포함하면 우리는 단 하루도 고기 없이 지내는 날이 없다고 해도 과언이 아니다. 이 때문에 개인만이 아니라 사회적으로 상당한 물질적 · 환경적 부담을 진다. 육식의 거대하고 촘촘한 망 속에서 살아가는 생활을 개선함으로써 보다 단순한 생활로 한 발 더 가깝게 다가설 수 있다.

장자의 도는 추상적인 형이상학이 아니다. 직업 생활 내에서, 직업과 일상의 관계에서, 살아가면서 맺는 다양한 인간관계에서, 하다못해 의식주를 비롯한 평범한 하루 생활에서도 반성적 사고를 통해 만날 수 있는 발상의 전환이다.

쓸모와 쓸모없음의
경계에 서다

그늘에서 낮잠을 즐기는 쓸모조차 없는 나무

오대십국 시대 후기와 송나라 초기에 활약한 화가 이성李成의 〈한림평야
도寒林平野圖〉는 가슴이 탁 트이는 기분을 안겨준다. 험준한 산, 끝없는 평
야, 날카로운 가지를 펼친 수목 등을 특징으로 하는 북방산수화의 원조로
불린다. 이 그림도 광활한 평야를 배경으로 우뚝 서 있는 나무를 예리하고
정밀한 붓놀림으로 그렸다. 너른 평야가 눈을 시원하게 하고 멀리 산등성
이가 길게 이어지지만 그림의 주인공은 단연 앞에 보이는 나무다.

하늘을 뚫을 듯 치솟은 두 그루의 큰 나무가 한눈에 들어온다. 어쩌면
저리도 곧을까 싶을 만큼 오랜 세월을 반듯하게 자랐다. 가지도 꽤 넓게
퍼져 있어서 아래에 서 있으면 하늘을 다 가릴 것만 같다. 화가도 웅장한
나무에 매료되어 붓을 들었으리라. 당당하게 뻗은 모습이 곧고 힘찬 기상
을 보여줘서 그림의 주인공으로 손색이 없어 보이니 말이다.

枯杉幹古老
松枝浮々寒
多彩雪叶怪
尚龍象輕一
再云悵此景
若真又
晴未新素
尚程

李成寒林平野

이성,
〈한림평야도〉, 10세기

그런데 조금만 더 신경을 써서 보면 두 나무 사이에 볼품없는 나무 한 그루가 서 있다. 온통 구불구불하게 휘어져 있고, 여기저기 깊이 패어 있는 옹이 자국이 흉하게 느껴질 수 있다. 가지도 몇 가닥 초라하게 삐져나와 옹색해 보인다. 봄이 되어 이파리가 돋아난다 해도 울창한 그늘을 만들 여지가 없다. 누가 보기에도 그럴듯한 모양이 아니고, 집을 짓기 위한 재목으로서의 쓸모도 없는 천덕꾸러기 몰골이다.

『장자』에는 유난히 나무를 비유로 들어 쓸모와 쓸모없음의 문제를 다루는 내용이 많이 나온다. 「인간세人間世」에 나오는 다음의 사례도 그중 하나다.

네 마리의 말이 끄는 수레 천 대를 매어놓아도 그늘에 가려질 정도로 큰 나무를 보고 자기가 말했다. "반드시 특이한 재목감이 될 것이다." 머리를 들어 가지들을 보니 꾸불꾸불하여 서까래나 기둥이 될 수 없었다. 머리를 숙여 밑동을 보니 속이 텅 비어 관을 만들 재목이 아니었다. 잎사귀를 맛보니 입이 얼얼해지고 상처가 났다. 냄새를 맡으니 심하게 취하면 사흘이나 깨어나지 못할 지경이었다. 자기가 말했다. "재목이 못되는 나무라서 이처럼 크게 자랄 수 있었구나. 아아, 신인神人들도 이처럼 쓸모없음으로 신인이 되었구나."

일반적으로 큰 나무를 보면 여러 쓸모가 있으리라 생각한다. 지금이야 철근과 콘크리트를 이용한 건축기술이 발달했지만, 전통사회에서는 대부분 목조 건물이었으니 집의 기둥이나 대들보로 욕심낼 것이다. 거대하고 곧게 자란 나무라면 궁궐 기둥으로 쓰는 데 손색이 없다며 반긴다. 하지만 곧지 않으면 기둥이나 대들보로 사용할 수 없다. 속에 빈 곳이 많으면 문, 가구, 관 등을 만들기 위한 판자로도 쓰지 못한다.

여기까지는 새로울 내용이 없다. 이미 「소요유」에서 재목으로 쓸모없는 큰 나무 이야기를 소개했기 때문이다. 장자는 그 나무 아래 어슬렁거리다 누워 낮잠을 즐기는 새로운 쓸모를 제안한 적이 있다. 생산성·효율성만을 쓸모의 기준으로 요구하는 사회의 지배적 가치에 맞서 무위와 게으름이라는 상징적 화두를 꺼내 새로운 인간적 가치를 제시했다. 그렇다면 단지 동일한 이야기의 되풀이일 뿐인가? 이 나무는 그늘 아래서 낮잠을 즐기는 쓸모조차 기대할 수 없다. 악취가 너무 심해 주변에 얼씬거리기도 어렵다.

인간의 시각에서 아무런 쓸모가 없다고 여겨지는 나무를 어떻게 볼 것인가의 문제다. 즉 '쓸모없음의 쓸모 있음'(무용지용無用之用)이 아니라, 한 발 더 들어가 쓸모없음 자체의 문제다. 이 나무는 재목이 아니어서 크게 자랄 수 있다. 아예 쓸모가 없기 때문에 생존할 수 있다. 쓸모라는 기준으로부터 독립된 존재 자체로서의 가치와 의미를 논한다. 어떤 사물이 다른 것을 '위하여' 존재하는 것이 아니라 스스로 자기 목적을 지니고 있다는 통찰이다.

큰 나무의 비유로 시작했지만 장자가 말하고자 하는 것은 사람 이야기다. 이어서 성한 구석이 하나도 없는 사람 이야기가 나온다. 턱이 배꼽 아래 감추어지고, 어깨가 머리보다 높으며, 머리꼬리가 하늘로 치솟아 있고, 오장은 위쪽에 붙어 있고, 두 다리가 옆구리에 와 있다. 성한 곳이 없으니 전쟁이 일어나도 징집을 피해 노닐었다. 큰 공사가 있어도 언제나 병을 지녔기에 끌려가지 않았다. 나라에서 병자에게 곡식을 나눠 줄 때면 석 종의 곡식과 열 다발의 땔나무를 받았다. 나라에 온갖 일이 닥쳐도 바느질과 키질을 해가며 식구들과 평온한 생활을 유지했다. 아무런 쓸모가 없기에 쓰이지 않고, 쓰이지 않기에 주어진 삶을 영위했다. 장자는 "신인들도 이처럼 쓸모없음으로 신인이 된 것"이라고 말한다.

쓸모에 대한 의존과 강박관념

장자가 거듭 쓸모를 거론하는 것으로 봐서 사람 평가의 주요 잣대가 쓸모 여부였음을 알 수 있다. 사회가 정해놓은 쓸모의 기준을 갖추지 못하거나 부족할 경우 의미 있는 역할이 주어지지 않는다. 무능력자로 규정되어 조롱과 무시를 당한다. 장자는 쓸모 중심의 분별이 사람을 우월과 열등으로 나누고, 차별을 정당화하는 흉악한 사고방식이라고 보았다.

재능과 쓸모로 사람의 가치를 평가하는 관점은 공자에게 큰 영향을 준 관중에게서도 뚜렷하게 나타난다. 그는 『관자』에서 누구든지 능력만 갖추면 걱정할 게 없다고 말한다. "다른 사람이 알아주지 않음을 걱정하지 말라. 단청은 산속에 묻혀 있어도 사람이 알고서 캐내려 들고, 아름다운 구슬은 깊은 물속에 있어도 사람이 알고서 캐내려 든다."(「소칭小稱」) 단청은 안료로 쓰는 광물이다. 색이 선명하고 오래가서 귀하기에 깊은 곳에 가려 있어도 사람들이 찾아내 쓰임을 받는다. 물속의 구슬도 귀한 대접을 받는다. 마찬가지로 사람도 쓸모가 있으면 언제든지 부름을 받고 세상에 나아가게 된다는 것이다.

공자도 "얼룩소 새끼도 털이 붉고 뿔이 반듯하면, 비록 제물로 쓰지 않아도 산천의 신이 내버려 두겠는가?"(「옹야」)라고 한다. 당시 큰 제사에 쓰이는 소는 털빛이 붉고 뿔이 반듯해야 했다. 얼룩소 새끼라면 가장 큰 쓸모를 가진 소는 아니다. 얼룩소라도 뿔이 곧고 색깔이 비슷하다는 것은 출신이 미천해도 재능만 갖추면 세상에서 쓰일 수 있다는 주장이다. 그래서 "남이 알아주지 않음을 걱정하지 말고 자신의 무능함을 걱정하라."(「헌문」)고 한다.

공자는 그나마 유가의 가치를 매개로 재능과 쓸모를 강조했지만, 현실에서는 대체로 가치와 분리되어 독립적으로 중심 역할을 한다. 나관중의 『삼국지연의』에 나오는 진림에 얽힌 일화는 이를 잘 보여준다. 원소가 문장으로 명성을 떨치던 진림에게 조조의 죄상을 성토하는 격문을 쓰게 했다. 조조는 전쟁에서 승리한 후에 군사들을 시켜 진림을 사로잡아 끌고 왔다.

조조가 "전에 격문을 쓰면서 나의 죄만 따질 것이지 어찌 아버지와 할아버지까지 욕이 미치게 했는가?"라며 매섭게 물었다. 진림은 "화살은 시위에 오른 이상 날아가지 않을 수 없는 법입니다."라고 태연하게 대답했다. 장수들은 그를 죽여서 본보기를 삼아야 한다고 입을 모아 권했다. 그러나 조조는 글재주가 아까워 "이번에는 너와 너의 글을 내 활시위에 얹으려 한다. 나를 위해서도 날카로운 화살이 되어주겠느냐?"라고 물었다. 진림이 "승상께서 써주신다면 재주를 다해 받들 뿐입니다."라고 대답하니 용서하고 종사로 삼았다.

진림과 조조는 재능과 쓸모가 가치와 무관하게 사용하는 도구에 지나지 않는다는 관점을 보인다. 이를 소설적 허구만으로 볼 수는 없다. 정식 역사서인 『삼국지』에 의하면 진림은 뛰어난 문체로 명성을 떨쳤다. 조조를 성토하는 격문을 지었지만 "태조는 재주를 아껴 허물하지 않았다."라는 내용이 나온다. 이후 조조는 진림에게 나라의 서신과 문서를 작성하는 일을 맡았다. 소설로서의 윤색이 있지만 기본적으로는 역사적 사실에 기초하고 있다.

진림의 일화는 세상이 어떻게 바뀌든, 어떤 가치관을 갖든 재능만 확실하게 갖추면 얼마든지 중요하게 쓰이는 현실을 보여준다. 재주는 옳고 그름이라는 가치판단의 영역에서 벗어나 독립적인 기능이 된다. 실제 역사에서 대부분의 지식인은 말·글·행위에 책임질 필요가 없다는 생각을 지녔고, 재능을 쓰임을 위한 중립적 수단으로 정당화해왔다.

현대인은 쓸모에 대한 더 극심한 강박관념을 갖고 살아간다. 자본주의 사회에서 쓸모 여부는 금전적 가치에 의존한다. 돈이 되는 쓸모를 충족시킬 재능 마련에 집착한다. '부자 아빠'가 신드롬처럼 자리 잡았다. 가장 좋은 아빠는 높은 연봉을 자랑하는 사람이다. 직장에서 큰 쓸모를 인정받을 정도의 능력이 있어야 한다. 여성이 사귀는 남자가 있다고 하면 으레 주변에서 "뭐하는 사람이야?"라고 묻는다. '뭐하는 사람'이라는 말 속에는 직장과 연봉의 조건이 담겨 있다.

돈과 관련된 재능과 쓸모가 자신의 모든 것을 쏟아부어야 하는 가장 중요한 기준이자 목표다. 다른 모든 가치를 제치거나 아예 가치에서 독립한 인생 목표다. 재능과 쓸모를 지니지 못한 사람은 사회적으로 실패자 취급을 받고 심지어 가정을 꾸리기도 어려운 실정이다.

쓸모없음의 존중에서 출발하다

『장자』에는 쓸모에 대한 사례나 비유가 여러 곳에서 다양하게 나온다. 이를 모두 '무용지용'이라는 비슷한 교훈으로 해석한다면 정작 장자와 만나 대화를 나누지 못하고 집 앞에서 돌아오는 꼴이다. 꼼꼼하고 세밀하게 각각을 비교하여 살펴야 대화의 물꼬를 틀 수 있다. 장자는 쓸모없음과 쓸모 사이에 몇 개의 단계를 두어 한 발씩 깊은 이야기로 우리를 안내한다. 첫 번째 단계는 쓸모없음 자체에 대한 통찰이다.

> 호랑이나 표범의 가죽 무늬는 사냥꾼을 불러들이고, 원숭이의 날램이나 살쾡이를 잡는 개의 특기는 줄에 묶여 사람들에게 끌려 다니도록 만든다.(「응제왕應帝王」)

동물의 왕으로 불리는 호랑이는 위엄이 서리고 화려함을 자랑하는 가죽을 지니고 있다. 중국과 우리의 옛 그림 가운데 김홍도의 〈송하맹호도松下猛虎圖〉만큼 호랑이의 위세를 느낄 수 있는 경우가 거의 없다. 호랑이를 제대로 표현하기란 여간 어려운 게 아니다. 호랑이의 위세는 일단 상대를 압도하는 몸체에서 오는데, 제한된 크기의 화선지에 그리기 때문에 자칫 고양이처럼 보이기 십상이다. 하지만 김홍도의 그림에서는 맹수의 용맹이 느껴진다.

여기에는 효과적인 몇 가지 요소가 있다. 화면 아랫부분에 꽉 채워 그려서 상대적으로 호랑이의 몸집이 커 보이는 효과가 난다. 등을 곧추세우고

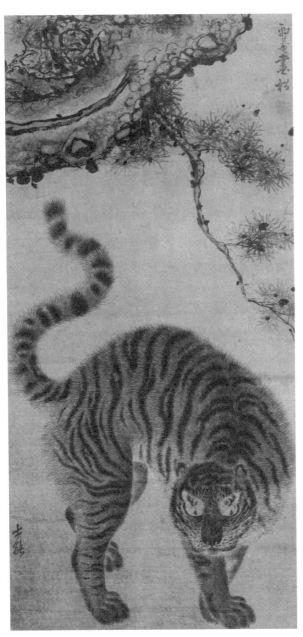

김홍도, 〈송하맹호도〉,
18세기 후반

불길이 타오르는 듯 눈을 치켜뜨고 정면을 응시한다. 도약하여 공격하려는 긴장된 분위기가 위용을 살린다. 몸이 휘어지는 굴곡을 따라 특유의 무늬가 꿈틀거리며 이어지고, 털의 윤기가 느껴질 정도로 사실적 묘사에 충실해서 당장이라도 그림에서 튀어나와 달려들 기색이다.

장자는 호랑이 가죽이 위엄과 화려함을 갖추고 있어서 오히려 목숨을 잃는다고 말한다. 쓸모가 자연이 준 자신의 생명을 해치는 역할을 한다. 옛날에는 상당한 권력이나 부를 가진 사람들이 권세를 드러내기 위해 호랑이 가죽에 욕심을 냈다. 가죽을 얻기 위한 사냥이 극성을 부려 지역에 따라서는 호랑이의 씨가 마른다는 말이 나왔다.

"호랑이는 가죽을 남기고 사람은 이름을 남긴다."라는 옛말을 차용한 영화 〈황산벌〉의 대사는 촌철살인의 통찰을 들려준다. 배수진의 각오로 전장에 나가 역사에 이름을 남기겠다는 계백의 결기를 향해 아내가 아이들을 부여안고 절규한다. "아가리 삐뚤어졌어도 말은 똑바로 하라고! 호랑이는 가죽 땜시 디지고, 인간은 이름 땜시 디지는 거여!" 국가를 위한 쓸모가 개인의 희생을 정당화하는 전체주의 사고로 나타나는 경우가 많다. 특히 제후국 사이의 전쟁이 일상이던 춘추전국시대에는 쓸모가 자기 생명을 가볍게 여기도록 만들었다.

죽음까지는 아니더라도, 원숭이와 개의 쓸모처럼 줄에 묶여 예속과 억압으로 기어들어가는 결과로 이어진다. 재능이 많을수록 국가나 기업에서 쓰임이 많아진다. 쓸모는 위계질서 안에서 발휘될 때만 인정받는다. 만약 수직적인 틀을 부수는 데 재능을 쓰려 할 경우 배척당한다. 대부분 피라미드 질서 안에 적응하고 이를 유지하는 데 재능을 발휘해야 한다. 쓸모의 논리가 내면화되면서 자발적으로 예속과 억압 안에 자신을 밀어넣는다.

뿐만 아니라 재능과 쓸모에 얽매일 때 사리판단이 흐릿해지고 타고난 본성도 해친다.

> 눈 밝음이 지나친 사람은 다섯 가지 색깔에 혼란을 일으키고 아름다운 무늬에 빠져버린다. 파란색, 노란색의 여러 무늬의 화려함은 그릇된 것이다.(외편, 「변무」)

눈과 연관된 재능이 너무 뛰어난 사람은 화려한 색과 아름다운 무늬 때문에 자연스러움을 잃고 혼란된 의식에 빠진다. 박지원의 『연암집』에 나오는 눈 뜬 장님 이야기는 장자의 문제의식을 이해하는 데 도움을 준다. 옛날에 화담 서경덕 선생이 길을 가다가, 집을 못 찾고 길에서 울고 있는 사람을 만났다. "어찌하여 우는가?"라고 묻자, 대답하기를 "다섯 살에 눈이 멀어 스무 해나 됩니다. 아침에 길을 가는데 갑자기 천지 만물이 분명하게 보이는지라 기뻐 돌아가려고 하니 갈림길도 많고 대문은 비슷해 제 집을 찾지 못하겠습니다."라고 했다. 선생이 말했다. "돌아가는 법을 가르쳐 주겠다. 도로 네 눈을 감아라." 이에 다시 눈을 감고 지팡이를 더듬거려 걸음을 믿고서 가자 자기 집을 찾아갈 수 있었다.

당연히 장님으로 살라거나 밝은 빛을 보지 말라는 황당한 교훈은 아니다. 지나치게 눈으로 보이는 화려함에 의존할 때 생기는 문제에 경각심을 불어넣는 이야기다. 더 많이 보고 더 많이 듣는 능력이 있다고 해서 무조건 사람에게 득이 되는 것이 아니다. 능력이 오히려 혼란을 일으켜 올바른 판단을 가로막는 걸림돌이 될 수 있다.

재능을 계발하고 쓸모를 입증하기에 혈안이 되어 있는 현대사회에서 사람들은 더 행복해지고 공동체는 더 평화로워졌는가? 문제는 바로 여기에 있다. 재능과 쓸모를 위한 경쟁이 강해질수록 세상은 더 각박해지고 마음은 더 거칠어졌다. 쓸모를 중시할수록 사람들 사이의 구별과 차별이 심해지고 이로 인한 사회적 갈등이 증가한다. 이를 각자의 마음가짐 문제라고 치부하는 사람은 현실에 눈을 감거나 뻔히 알고 있으면서도 속이는 것이다.

우리는 "가난은 부끄러운 것이 아니다."라거나 "직업에는 귀천이 없다."라는 말을 자주 듣는다. 하지만 정말 솔직하게 말하자. 한국사회에서는 가난이 가장 부끄러운 상태로 치부된 지 이미 오래다. 직업에 귀천이 없다고? 그렇다면 왜 3D현상이 일반화되고, 농촌에 젊은 사람의 씨가 말랐는가? 현실은 귀천을 가리는 가장 중요한 잣대가 직업이고, 가난은 열등하거나 실패한 사람이 마지막에 머무는 곳이 되어버렸다. 어디 사회 분위기만 그러한가! 사회 구조 자체가 부와 능력을 기준으로 양극화되어 있다고 해도 과언이 아니다.

쓸모는 개인의 선택이 아니라 사회적 강제다. 장자는 일차적으로 쓸모라는 사회적 기준 자체를 문제 삼는다. 무용지용 이전에 무용에 대한 인정과 통찰이 필요하다. 사회적 시각에서 쓸모라고 생각할 아무런 여지가 없는 사물이나 사람을 인정하는 데서 출발해야 한다. 다른 무엇을 위해서가 아니라 스스로 지니는 존립의 목적을 인정하는 것이다. 존재를 존재 그대로 인정하기 위해서라도 쓸모라는 기준에서 벗어나야 한다. 이것이 쓸모와 연관해 지녀야 할 가장 본원적인 태도이자 첫 번째 단계다.

그림으로 읽는 장자

쓸모없음에서 쓸모가 생기다

두 번째 단계는 쓸모없음에서 쓸모가 생김을 이해하는 것이다. 혜자가 장자에게 "자네의 말은 쓸모가 없네."라고 말하자, 장자가 대답했다.

쓸모없음을 알아야 쓸모를 얘기할 수 있네. 땅은 넓지만 사람이 걸을 때는 발로 밟는 부분만 쓰이네. 그렇다고 나머지 땅을 깎아내린다면 그 발밑의 땅이 여전히 쓸모 있다고 할 수 있겠는가? (…) 배 속의 태 안에도 움직일 공간이 있네. 집안에 빈 공간이 없으면 며느리와 시어머니가 반목할 걸세. 마음에 자연스럽게 노닐 공간이 없으면 여러 정욕이 서로 다투네.(잡편, 「외물外物」)

쓸모없음이 있어야 쓸모도 생겨난다. 발바닥이 지면에 닿는 만큼의 면적만 있다면 걸을 수가 없듯이, 마음속에도 빈 공간이 있어야 생각도 가능하다. 며느리와 시어머니의 비유에서도 볼 수 있듯이 인간관계도 필요와 이익 등 쓸모 부분만 가득하면 갈등이 지배한다.

『도덕경』에서도 비슷한 문제의식을 만난다. 노자에 의하면 바퀴살이 있는 바퀴통 가운데가 아무것도 없기 때문에 수레의 쓸모가 생겨난다. 가운데 아무것도 없기 때문에 그릇이나 방의 쓸모가 생겨난다. 있음은 이로움을 위한 것이지만 없음은 쓸모가 생겨나게 한다.

사실 따지고 보면 우리 일상에서의 온갖 쓸모가 쓸모없음에서 생겨난다. 조영석趙榮祏의 풍속화 〈촌가여행도村家女行圖〉는 조선시대에 평민이 살아가던 일상의 한 단면을 보여준다. 농가의 한 아낙이 뒷마당에서 절구를 찧고 있다. 직전에는 냇가에 가서 빨래를 하고 왔는지 줄에 옷이 널려 있다. 농사, 가사, 육아 등으로 바쁜 나날을 보내고 있을 아낙의 고단함이 묻어난다. 그림에 묘사된 여러 부분에서 장자와 노자의 생각이 비유나 과장이 아님을 확인할 수 있다.

먼저 곡식을 빻거나 찧고 떡을 치기도 하는 절구는 움푹 패여 아무것도 없는 빈 공간이 있기에 쓸모가 생긴다. 절굿공이를 넣더라도 빈 곳이 상당히 있어야 제 기능을 한다. 아낙이 신고 있는 신발도 안이 비어 있기에 발이 들어간다. 빨랫줄에 걸어놓은 옷도 몸이나 다리가 들어가려면 그 이상의 빈 공간이 있어야 한다. 왼쪽으로 보이는 방도 아무리 견고한 벽돌로 벽을 쌓더라도 내부가 비어 있지 않다면 아무짝에도 쓸모가 없다.

인간관계도 마찬가지다. 장자가 말한 '며느리와 시어머니의 반목'을 피하거나 줄이기 위해서는 거리가 필요하다. 집안의 빈 공간도 이에 해당된다. 그림의 아낙처럼 뒷마당에서 절구를 찧거나 냇가로 나가 빨래를 하는 시간에는 시어머니와 떨어져 있어서 갈등에서 벗어날 여유가 있었다. 그러나 요즘처럼 좁은 아파트 공간 안에서 하루 종일 얼굴을 보며 같이 지낸다면 그만큼 반목과 갈등의 가능성도 커질 것이다. 사실은 물리적인 빈 공간만이 아니라 마음의 빈 공간도 필요하다. 사람들은 거리가 없다고 느끼는 가까운 사람에게 함부로 대하는 경향이 있다. 타인에게 못할 심한 말을 가족에게는 토해내곤 한다. 마음 사이에도 어느 정도 빈 공간이 있을 때 인간으로서 가져야 할 존중과 배려도 유지된다.

조영석, 〈촌가여행도〉, 18세기

쓸모의 상대성을 보다

이렇듯 장자는 쓸모없음에서 출발하여 점차 현실의 쓸모와 접점을 마련하는, 어떤 의미에서는 조금씩 현실과 연결하는 과정을 거친다. 세 번째 단계는 세상이 정한 쓸모의 기준에서 벗어나 새로운 시각에서 쓸모를 발견하려는 노력이다. 쓸모에 대한 상대적 관점이다.

쓰임이 있다는 입장에서 보면 만물에 쓰임이 없는 것이란 없다. 쓰임이 없다는 입장에서 보면 만물에 쓰임이 있는 것이란 없다. 동과 서는 서로 반대이면서도 어느 한 편이 없어서는 안 되는 것임을 안다면 곧 쓰임의 규정도 상대적임을 알 것이다. (외편, 「추수秋水」)

쓸모는 어느 입장에서 접근하느냐에 따라 다르다. 통상적으로 쓸모가 있다고 여기는 것이나 쓸모가 없다고 여기는 것 모두가 다른 관점에서 접근하면 반대가 된다. 장자는 몇 가지 사례로 쓸모의 상대성을 뒷받침한다. 예를 들어, 큰 나무로 만든 기둥이나 대들보는 집을 짓거나 성벽을 무너뜨리는 데는 유용하지만 작은 구멍을 막는 데는 소용없다. 기구의 쓰임이 다르기 때문이다. 천리마는 하루에 천 리를 달릴 수 있지만 쥐를 잡는 데는 살쾡이만 못하다. 재주가 다르기 때문이다. 올빼미는 밤에는 벼룩을 잡고 터럭 끝도 볼 수 있지만 낮에는 눈을 뜨고도 큰 산조차 보지 못한다. 본성이 다르기 때문이다.

사정이 그러하니 어떤 쓸모가 우월하고 어떤 쓸모가 열등하다고 구분할 수 없다. 「인간세」에 나오는 사당의 나무 이야기는 이를 잘 보여준다. 장석이 둘레가 백 아름이나 될 만큼 크고 겉모양이 그럴 듯한 사당의 나무를 보고 쓸 만한 곳이 없으니 오래 살고 있는 것이라며 지나쳤다. 장석이 집에 돌아온 뒤 그 나무가 꿈에 나타나 "쓸모없음이 나의 큰 쓰임이 되었다. 만약 내가 쓸데가 있었다면 어찌 이처럼 커질 수 있었겠는가?"라고 꾸짖었다. 장석이 꿈 이야기를 하자 제자가 "쓸모없음을 바랐다면 왜 사당나무 노릇은 하는 걸까요?"라고 물었다. 장석이 대답했다. "저 나무가 사당에 의지하는 것은 보전을 위한 방편일 뿐이다. (…) 사람의 판단 기준으로 나무를 떠받들고 빈다면 뭔가 빗나간 것 아니겠는가?"

쓰임의 규정도 상대적이니 특정한 사물이나 사람의 쓸모에 대해 욕을 하거나 반대로 찬양할 이유가 없다. 나라를 위한 쓸모는 더 위대하고 소규모 공동체를 위한 쓸모는 덜 중요하다고 여겨서는 안 된다. 높은 지위를 얻는 데 도움이 되는 쓸모와 낮은 지위에 필요한 쓸모를 차별하지 말아야 한다. 마찬가지로 경제적 효율성을 근거로 쓸모의 우열 관계를 규정하려 해서도 안 된다. 모든 쓸모는 저마다의 가치를 지니기에 어떤 관점에서 보느냐에 따라 가치의 정도가 달라진다.

쓸모와 쓸모없음의 경계에서 조화를 꿈꾸다

마지막 단계에서 장자는 현실 사회에서 쓸모에 스스로 어떤 태도를 지닐지를 고민한다. 쓸모에 대해 서로 모순처럼 보이는 대목이 나온다. 장자가 산속을 가다가 가지와 잎사귀가 무성한 큰 나무를 보았다. 나무꾼이 쓸 만한 곳이 없어 베지 않자, 장자는 "재목이 못됨으로써 타고난 수명을 다 누리는 것"이라고 말했다.

또 장자가 산에서 내려와 친구의 집에 머물게 되었다. 친구는 하인에게 거위를 잡아서 요리를 만들게 했다. 하인이 "한 놈은 울 줄 알고 한 놈은 울 줄을 모르는데 어느 것을 잡을까요?"라고 묻자, 주인이 "울지 못하는 놈을 잡아라."라고 답했다. 다음 날 제자가 장자에게 물었다. "어제 나무는 재목이 되지 못하여 수명을 다 누리는데, 오늘 거위는 재질이 없어서 죽었습니다. 선생님께서는 어떻게 처신하시겠습니까?" 장자가 웃으면서 말했다.

나는 재목이 되는 것과 재목이 되지 않는 것의 중간에 처신하겠다. 그러나 이는 옳은 듯하면서도 그릇되어서 재난을 면할 수가 없다. 만약 자연의 도와 덕을 타고서 떠다니며 노닌다면 그렇지 않을 것이다. (…) 그러나 만물의 실정이나 인간 윤리의 변화는 그렇지 않다. 모이면 흩어지고, 이루면 무너지고, 모가 나면 깎이고, 높으면 비판을 받고, 뜻있는 일을 하면 공격을 받고, 현명하면 모함을 받고, 못나면 속임을 당한다. 그러니 어떻게 재난을 면할 수가 있겠는가? 슬프다. 이것을 잘 기억해두어라. 자연의 도와 덕이 행해지는 곳에서만 재난을 면할 수 있다.(외편, 「산목山木」)

쓸모와 쓸모없음의 중간에 서겠다는 말에서 장자의 현실적 고민과 만난다. 이것과 저것의 경계에서 진정한 자유와 행복한 삶을 찾는 장자 특유의 문제의식을 다시 접한다. 장자도 자기 말을 상대가 얼마나 애매하거나 모순이라고 받아들일지 잘 아는 듯하다. '중간'이 "옳은 듯하면서도 그릇되어서 재난을 면할 수가 없다."라고 인정한다. 모든 경계는 언제나 불안정하다. 자칫 불안정 속의 균형을 유지하지 못할 때 위험에 처한다.

재난을 완전히 피하는 경지가 전혀 없지는 않다. 도의 원리를 체현하여 노니는 단계라면 가능하다. 모든 쓸모에서 완전히 벗어나 초월의 경지에서 노닌다면 재난을 겪을 일이 없다. 노자나 열자가 추구하는 경지가 여기에 있다. 신선처럼 속세를 떠나 산속에 머물며 홀로 자연과 벗하여 살아간다면 사회적 재난에 휩싸일 위험도 없다.

그러면 장자도 재난을 완전히 피할 수 있는 도의 원리를 권하면 될 텐데, 왜 구태여 재난에서 자유롭지 못한 위태로운 경계에 서 있겠다고 하는 걸까? 바로 여기에 장자의 독자성과 진가가 있다. 그 고민 안에 도를 향한 이상을 포기하지 않되 현실에 두 발을 딛고 서 있으려는 장자의 치열함이 있다.

당나라 화가 한황韓滉의 〈문원도文苑圖〉는 장자가 고민하는 현실적 문제의 한 부분을 떠올리게 한다. 한 그루의 나무 아래 네 명의 선비가 모여 있다. 오른쪽의 선비는 바위에 턱을 괴고 하늘을 물끄러미 쳐다본다. 아래에 동자가 먹을 갈고 바위 위에 종이가 펼쳐져 있으니 쓸 글을 구상하는 듯하다. 나무에 기댄 사람도 시선이 위로 향해 골똘히 사색에 잠긴 눈치다. 왼편의 두 사람은 두루마리의 글을 보며 대화를 나눈다. 어딘가 막히는 부분이 있는지 한 사람이 하늘을 쳐다보며 생각을 가다듬는다.

무엇을 하는 중일까? 딱딱한 정치 이야기나 골치 아픈 생활 이야기를 하는 분위기는 전혀 아니다. 턱을 괴거나 하늘을 응시하며 생각에 빠진 모

한황, 〈문원도〉, 8세기

습, 왼편 바위 위에 음식을 넣은 것으로 보이는 바구니를 고려할 때 충분히 짐작이 간다. 도시 근처 숲으로 나와 문학에 대해 토론하고, 시상을 떠올리고, 문장을 가다듬는 선비들이다. 복잡한 현실에서 벗어나 풍부한 감성과 이상적인 구상이 가득한 시간을 보내는 중이다.

그런데 어떤 사람들일까? 머리에 관모를 쓰고, 옷은 허리에 띠를 두른 관복 차림이다. 현실 정치와 행정 사무에 갇혀 사는 관료들이다. 한황 자신이 그림과 글에 뛰어날 뿐만 아니라 당나라의 재상이기도 했다. 그런데

　　　　　　　　　　　　　　　　　　　그림으로 읽는 장자

『선인전仙人傳』이라는 책에 이름이 올라 있다고 하니, 흔히 생각하는 관료와 다른 풍모를 지녔을 듯하다. '선인'으로 불렸으니 노자나 장자의 도가에 상당히 심취해 있었다고 봐야 한다.

한황처럼 나름대로 도가를 마음의 신조로 삼거나, 그림 속의 선비들처럼 문학적 감성이 풍부한 선비들이라 하더라도 땅에 발을 딛지 않고 허공에 뜬 채로 살 수는 없는 노릇이다. 여린 시적 감수성을 지닌 그림의 선비들도 다음 날이면 현실로 돌아가 복잡한 이해관계와 맞물린 삶과 마주해야 한다. 한황 역시 도가 선인으로서의 풍모를 지녔다고 해도 재상인 이상 평소에는 온갖 정치 문제에 골머리를 썩어야 한다.

나름대로 어떻게 살아야 하는지 고민하며 장자의 책을 뒤적거리는 우리들도 마찬가지다. 인간은 만물과 함께 세계 속에 살아간다. 열자처럼 인간 공동체를 벗어나 산속에 숨어 홀로 살지 않는 이상 세상의 현실과 변화에 맞물려 살아야 한다. 장자는 누구보다도 도를 지향하지만 스스로 완전한 도의 경지에 도달했다고 자신하지는 않는다. 도에 완전히 일치하려면 속세를 떠나 신선의 경지에 도달해야 하는데, 현실의 인간으로서는 가능하다고 여기지 않는다. 또한 열자처럼 여기에 도전하기 위해 바람과 함께 산속에서 도를 찾는 삶을 바람직하다고 여기지도 않는다. 장자는 도를 좇되 현실과의 결합을 고민한다.

그런데 현실에서는 모이면 흩어지고, 이루면 무너지고, 모가 나면 깎인다. 상대적 관점으로 도달할 수 있는 어떠한 종류의 쓸모이든 그것이 쓸모라고 할 만한 것이라면 한쪽의 관점에서 뜻있고 현명한 일이라도 다른 쪽의 관점으로부터 공격이나 모함을 받게 된다. 순수한 도의 경지에서는 쓸모없음 자체가 성립하고, 완전히 속세를 떠난다면 재난에서 벗어날 여지가 있다. 하지만 현실에서는 대부분의 쓸모의 영역과 전적인 분리가 어렵고, 심지어 쓸모없음조차 쓸모와 연관되어 있기에 재난의 가능성이 언제나 있다.

그렇기 때문에 도와 현실의 조화를 추구하는 장자로서는 재난의 전적인 회피가 불가능하다고 결론을 내린다. 다시 말해서 쓸모의 문제에 관한 위협은 두 방향에서 온다. 하나의 위협은 현실의 사회체제에서 요구되는 쓸모의 논리 안에서 주로 사고하고 행동하는 유가의 관점이다. 이 관점은 인간을 예속과 억압으로 몰아넣는다. 다른 하나의 위협은 일체의 쓸모에서 벗어남으로써 현실과 괴리된 기존 도가의 관점이다. 이 관점은 예속과 억압 상태에 있는 현실의 인간을 외면하고 방치한다.

상반된 두 방향에서 오는 오류를 극복하기 위해서는 먼저 일정하게 재난을 감수할 각오를 해야 한다. 다른 한편으로는 쓸모라는 억압 논리에서 벗어나기 위해 쓸모없음 자체의 고유한 의미를 밝히고 쓸모의 상대성에 대한 통찰을 한시도 잊어서는 안 된다. 둘 사이의 경계에서 불안정한 조화를 구하는 것이 유일하게 인간이 자유로 나아갈 수 있는 방향이다. 그래서 장자는 제자들에게 "슬프다. 이것을 잘 기억해두어라."라고 한다. 경계의 위태로움이 주는 슬픔이지만 그 슬픔에서 희망을 찾는다.

삶의 보전에서
가치를 찾다

누가 진정 미친 사람인가?

『장자』에는 공자와 제자의 대화가 가득하다. 공자의 말이나 일화를 매개로 한 이야기도 있고, 가공된 이야기도 있다. 그중 초나라의 미치광이 접여에 얽힌 이야기가 가장 유명하다. 『논어』에도 소개되어 있어서 실제 일화인 듯하다. 접여가 공자의 앞을 지나면서 노래했다.

봉새야, 봉새야! 어찌 덕이 그리 쇠하였느냐? 지난 일은 탓해도 소용없지만, 앞일은 바로 좇아갈 수 있는 것. 천하에 도가 행해지면 성인은 교화에 힘쓰고, 도가 행해지지 않으면 자기 삶을 보전한다. 지금 시국은 근근이 형벌 면하기도 바쁘다. 복은 깃털보다 가벼운데 아무도 잡을 줄 모르고, 화는 땅보다 무거운데 아무도 피할 줄 모른다. 아서라, 덕을 사람들에게 내세우는 짓을! 위태롭도다, 땅을 가려가며 좇아다니는 짓이! 밝

음을 가려서 갈 길을 그르치지 말라. 물러났다 돌아갔다 하며 발을 다치
지 않게 하라.(「인간세」)

구영의 〈접여광가도接輿狂歌圖〉는 이 상황을 그림으로 옮겨놓았다. 왼편
에서 하늘을 보며 노래를 부르는 사람이 접여다. 재미 삼아 하는 가벼운
조롱의 분위기가 아니다. 오른손을 가슴에 얹고 있어서 진심을 다해 충고
하는 자세다. 오른편에는 공자가 무슨 소란인가 하는 표정으로 밖에 나와
있다. 제자가 요란스럽게 손짓하며 어떤 상황인지를 설명하는 중이다. 미
치광이의 헛소리니 신경 쓰지 말고 가던 길을 재촉하자는 설명이리라.

접여는 미친 체하며 숨어 살던 은자였다. 이 노래에서 봉새는 공자를 의
미한다. 공자가 오랜 세월 덕을 설파했지만 현실은 갈수록 세상의 덕이 쇠
퇴하고 있다. 과거야 어쩔 수 없다고 쳐도 미래는 대비할 수 있으니, 정치
에 뛰어들어 위험을 자초하지 말아야 한다고 충고한다. 그리고 전쟁에 몰
두하는 왕들 아래에서 줄기차게 관직을 구하여 뜻을 펼치겠다는 공자가
어리석다고 노래한다. 공자나 그의 제자들이 얼마나 벼슬에 집착했기에
이런 지적이 유행했을까?

공자의 인생은 14년에 걸친 주유천하周遊天下로 잘 알려져 있다. 공자는
55세가 되었을 때 제자들과 함께 천하로 나섰다. 여러 나라를 다니며 왕
에게 유세를 통해 덕을 실현할 정치를 제안하며 벼슬을 구했으나 자리를
얻지 못했다. 제후들은 부국강병을 통해 천하의 주인이 되려는 열망에 사
로잡혀 있었다. 공자의 주장은 현실과 동떨어진, 뜬구름 잡는 이야기처럼
들렸다. 제후들은 확고한 권력 유지와 무력에 의한 영토 확장, 이를 실현

구영, 〈접여광가도〉, 16세기

시킬 권모술수에 능한 신하를 원했다. 공자가 천대받을 수밖에 없는 상황이었다.

위나라 영공은 군사를 어떻게 배치해야 하는지 물어 공자를 조롱했다. 군사 전문가가 아닌 공자에게 이러한 질문을 한 것은 덕과 예에 관심이 없으니 알아서 떠나라는 통보였다. 공자는 "저는 군사 배치와 운용에 대해서는 배운 바가 없습니다."라며 물러나는 수밖에 없었다. 몇 차례 봉변도 당했다. 송나라에서는 목숨을 잃을 뻔한 위험천만한 사건을 겪었다. 공자가 군대를 장악한 장수의 허영심을 비판한 일이 있었는데, 이에 장수가 앙심을 품고 자객을 보낸 것이다. 떠돌이 생활을 하면서 공자 일행은 온갖 고생과 조롱을 감수해야 했다.

『논어』의 다음 대목에는 계획과 현실의 괴리를 뼈저리게 느낀 공자의 초조함과 벼슬에 나가 뜻을 펼치려는 강한 집념이 잘 나타난다. 6년이 되어도 벼슬을 못 얻은 상황에서, 진나라의 필힐이란 자가 반란을 일으킨 후 공자에게 벼슬을 제안하며 초청했다. 공자가 반란 세력의 신하가 되려 하자, 제자 자로가 '좋지 못한 짓을 하는 자들 틈에는 군자가 들어가지 않는 법'이라고 했던 공자의 말을 상기시키며 만류했다. 공자가 대답했다.

그렇다. 그렇게 말한 일이 있다. 굳다 하지 않겠느냐, 갈아도 얇아지지 않는다면! 희다 하지 않겠느냐, 검은 물을 들여도 검어지지 않는다면! 내 어찌 바가지일 수 있겠느냐? 어떻게 매달려 있기만 하고 남에게 먹히지 않을 수 있겠느냐?(「양화陽貨」)

그림으로 읽는 장자

공자의 태도는 단호하다. 스스로를 표주박에 비유하며 반란 진영에 가담하여 벼슬을 맡겠다고 한다. 매달려 있기만 하면 아무 의미가 없다. 쓰임이 있어야 한다. 표주박의 쓰임처럼 지식인은 벼슬을 맡아 쓰일 때 의미가 있으니, 기회가 왔을 때 잡아야 한다고 말한다. 비록 반란 세력이지만 뜻을 버리지 않으면 될 일 아니냐는 변명이다. 갈아도 얇아지지 않고, 검은 물에 물들여지지 않고 굳고 흰 자신의 마음을 유지할 수 있으니 걱정하지 말라고 한다.

자로가 보기에 자기 주군을 배신한 필힐은 의롭지 않다. 공자 스스로도 필힐이 의로운 세력이라고 생각하지는 않았던 듯하다. 만약 의롭다면 구차하게 검은 물이 들거나 갈아져서 얇아질 걱정하지 말라는 이야기를 꺼낼 이유조차 없다. 비록 문제가 있는 정치 지도자라는 점은 인정하겠지만 그럼에도 불구하고 자신이 지조를 지키면 상관없다는 말이다. 군자의 대의명분을 접어두고 일단 벼슬에 나아가겠다는 의지 표명이다.

공자에 대한 접여의 조롱은 이러한 사정을 배경에 깔고 있다. 접여가 보기에는 그동안 공자가 이 나라 저 나라 떠돌아다니며 고난을 겪었지만, 그나마 비중 있는 벼슬에 오르지 않았기에 생명을 유지할 수 있었다. 그럼에도 계속 벼슬에 집착할 때 훨씬 더 심각한 위태로움에 직면할 수 있다는 경고다. 지금부터라도 혼란한 시대에 정치에 나서서 이름을 남기려는 시도를 그만하고 스스로를 위험의 수렁에서 건져내라는 충고다.

전쟁이 일상이었던 춘추전국시대

장자는 접여의 일을 빌려 천하에 "도가 행해지지 않으면 자기 삶을 보전한다."라고 말한다. 춘추전국시대와 같이 전쟁이 가득한 상황에서 높은 관직을 얻으려는 것은 제후들의 무도함을 뒷받침해줄 뿐이고, 나아가 죽음을 자초하는 짓이다. '삶의 보전' 문제가 다시 등장한다. 좀 심하다 싶을 정도로 계속 강조하는 이유가 무엇일까? 한두 번도 아니고 계속 반복되니 『장자』를 읽다가 조금씩 지루함을 느끼는 사람도 많다.

지루함은 둘째치고 차츰 소심해 보이기까지 한다. 세상을 등지고 개인의 안위만을 찾는 소극적 · 수동적 태도의 느낌을 받는다. 삶의 보전이 뭐 그리 대단하다고 이토록 심각하게 여기는 걸까? 역사적 맥락을 무시하고 『장자』를 보면 절실함과 실천적 의미를 이해할 수 없다. 우리는 '지금, 여기'에서의 의미를 정확히 끌어내기 위해서라도 먼저 '그때, 거기'와 마주해야 한다. 장자가 살던 시대에 도대체 어떤 일이 벌어지고 있었는가?

춘추전국시대는 춘추시대와 전국시대로 나뉜다. 춘추시대는 주나라 시대가 막을 내린 기원전 770년 이후 수십 개의 제후국으로 나뉘어 충돌하던 시기다. 전국시대는 기원전 5세기에 접어들어 '전국7웅'이라 불린 진 · 한 · 위 · 초 · 연 · 조 · 제를 중심으로 통합된 이후 진시황의 진나라가 천하를 통일한 기원전 221년까지를 일컫는다. 공자와 노자는 춘추시대, 장자와 맹자는 전국시대에 주로 활동한 사상가다.

춘추시대부터 세상은 전쟁판이 되었다. 오죽했으면 시대와 지역이 한참 다른 조선시대 선비의 글에도 끔찍한 참상이 기록되었겠는가? 박지원은

병마용갱, 〈병마용〉, 기원전 3세기

『호질虎叱』에서 춘추시대를 다음과 같이 소개한다. "춘추시대에는 은덕을 세운다는 전쟁이 열일곱 번이요, 원수를 갚는다는 전쟁이 서른 번이었다. 피가 천 리에 흘렀고, 엎어진 시체가 백만 명이나 되었다." 제후들이야 자기 욕심을 차리려 전쟁을 벌였지만 백성의 삶은 파괴될 대로 파괴되었다.

전국시대 상황은 더욱 심각했다. 중국의 유적지로 세 손가락 안에 드는 병마용갱兵馬俑坑의 〈병마용兵馬俑〉은 당시의 전쟁 상황을 짐작케 한다. 병마용은 진시황이 사후세계에서도 권세를 누리기 위해 무덤 인근에 매장한 실물 크기의 흙 인형이다. 각각의 조각이 예술작품으로서 손색이 없다. 지금까지 발굴된 것만 해도 병사 8천여 점, 말 5백여 점, 전차 1백여 대에 이른다. 여러 갱도 가운데 한 갱도의 일부 장면임에도 당시 군대의 규모와 위세가 실감난다.

시대를 가리키는 명칭에 '전戰'이라는 글자를 사용할 정도로 전쟁의 빈도와 규모, 그로 인한 참상이 이전과는 비교할 수 없다. 사마천의 『사기』 등에 실린 통계는 전쟁이 얼마나 빈번하게 벌어졌는지를 잘 보여준다. 장자·맹자의 활동 시기와 겹치는 기원전 321년 이후 약 100년간 각국의 전쟁 기간은 진나라 80년, 조나라 47년, 위나라 38년, 한나라 31년, 초나라 27년, 제나라 20년, 연나라 19년에 이른다.

한 해 동안 참가한 전쟁 횟수에 상관없이 전쟁이 일어난 해를 모두 1년으로 계산할 때 그러하다. 진나라는 대부분의 기간을 전쟁 속에서 보냈다. 나머지 나라는 다소 격차가 있지만 중간 정도의 빈도수를 기록하는 나라들이 대략 2~3년에 한 번 꼴로 전쟁을 벌였다는 말이 된다. 더 심각한 것은 한번 시작된 전쟁이 몇 년간 이어지는 경우가 많았다는 점이다.

제후국들은 전쟁으로 규모를 늘렸다. 우리는 국가의 목표로서 부국강병을 당연하게 여기는 경향이 있다. 당시 제후들을 사로잡은 생각도 그러했고, 그 결과 전쟁과 혼란의 도가니에 빠졌다. 전쟁으로 나라를 넓히고 천하의 패자가 되려는 욕망이 들끓었다. 묵자가 『묵자』에서 "크게 불의를 행하여 남의 나라를 공격하는 상황을 보면서도 비난할 줄 모르고 오히려 칭송하며 의로움이라 말한다."라고 토로할 정도로 대부분의 지식인도 전쟁을 옹호했다.

갈수록 전쟁의 규모도 확대됐다. 전국시대 초기만 하더라도 양 당사국의 병사가 10만 명 정도였지만, 중기와 후기에 이르면 수십만 명을 동원한 전쟁이 빈번해졌다. 그에 따라 참상의 규모와 잔혹함의 정도도 끔찍한 지경에 이르렀다. 『사기』는 전국시대 전쟁이 초래한 참상을 생생하게 느끼게 해준다.

국토는 황폐해졌고, 사직은 파괴됐고, 종묘도 파손 당했습니다. 사람들은 배가 갈리고 창자가 파헤쳐지고, 목이 잘리고, 얼굴이 뭉개지고, 머리와 몸통이 분리되고, 몸은 풀밭에 흩어지고, 머리는 땅에 나동그라진 채, 서로 국경에서 바라봅니다. 부모, 자식, 늙은이, 젊은이의 손과 목을 묶은 포로 무리가 길 위에 끊일 날이 없습니다. 죽은 사람의 영혼은 홀로 슬퍼할 뿐, 제사지낼 유족마저 없습니다. 삶을 영위할 수 없어 가족과 뿔뿔이 흩어져 떠돌다가 노예나 첩이 된 사람이 천하에 가득합니다.(「춘신군열전春申君列傳」)

진나라가 한·위 연합군을 격파했을 때 24만 명을 참수했고, 조나라와의 전쟁에서는 40만 명을 생매장했다는 기록이 있다. 어느 정도 과장을 고려하더라도, 시체가 산을 이루고 피가 강이 되어 흐른다는 말이 실감난다. 심지어 성이 포위된 상황에서 인육을 먹는 참상이 벌어졌다고 한다. 전란에 휩싸이면 징집과 피난 때문에 농사가 불가능하다. 모든 백성의 삶이 파괴되기에 살아남은 사람조차 기아 상태로 내던져진다.

이상의 몇 가지만 보더라도 춘추전국시대의 실제 상황은 우리가 일반적으로 생각하는 바와 현격히 다르다. 단순히 여러 제후국의 갈등 때문에 세상이 어지러웠다는 식의 말로 대신할 수 없다. 항상 전쟁 와중에 있었기에 하루하루가 긴박했고 처절했다. 집안의 남자들은 씨가 마르고 여성들은 겁탈당하고 아이들은 기아에 허덕이는 상황이 일상적으로 벌어질 때 세상에서 어떤 가치가 중심이 되어야 하는가? 만약 현재 우리가 이런 상황에 처해 있을 때 상식이 있고 양심이 있는 지식인이라면 무엇을 주장해야 하는가?

삶의 보전이 의미 있는 가치가 될 수 있는가?

권력 투쟁과 전쟁이 일상화된 상황에서는 심지어 최고 권력자나 신하들이라고 해서 안위가 보장되고 발 뻗고 자는 것도 아니었다. 전국시대에 가장 강력한 왕권을 자랑하던 진나라의 진시황조차 살해 위기를 거듭 겪어야 했다. 진나라가 중국을 통일하기 몇 년 전인 기원전 227년에 연나라에서 암살을 위해 자객 형가를 보낸 일은 중국인에게 가장 유명한 사건이다.

한나라의 화상석인 〈형가자진왕도荊軻刺秦王圖〉는 당시의 긴박한 순간을 묘사하고 있다. 황급히 도망치는 진시황과 살기등등한 모습으로 쫓는 형가가 보인다. 진시황이 입은 옷의 오른쪽 소매가 잘려 바닥에 떨어져 있다. 주변의 신하들은 우왕좌왕하며 어쩔 줄 몰라 하고, 한 신하는 바닥에 나뒹군다. 아래로는 누군가의 잘린 머리가 들어 있는 상자가 놓여 있다.

실제 전개 과정도 동일했다. 형가는 이전에 진시황에게 반기를 들었던 번오기의 목을 선물 삼아 직접 대면할 기회를 얻었다. 그는 독을 바른 칼을 무기로 준비했다. 진시황이 선물에 기뻐하는 순간 형가가 칼을 휘둘렀

〈형가자진왕도〉, 화상석, 기원전 1세기

지만, 진시황은 용포의 옷소매만 잘린 채 도망쳤다. 비수를 던졌으나 진시황이 재빠르게 몸을 피해 비수는 기둥에 박혔다. 형가는 결국 신하들에게 잡혀 조각조각 잘려 죽었다. 사태가 가라앉은 이후 다시 암살 시도가 이어졌다. 형가의 친구 고점리가 진나라의 궁중 악사로 지내며 여러 차례 진시황을 암살하려 했으나 다시 실패했다.

각 제후국의 왕조차 제 수명을 제대로 누리지 못할 지경이었으니 그 휘하의 신하들도 언제 목숨을 잃을지 알 수 없었다. 하물며 제대로 인간 대접도 받지 못하는 백성이야 더 말할 나위가 없었다. 사람들은 전쟁 참상을 직접 겪으며 몸서리쳐야 했다. 인류 역사를 통틀어서 이토록 전쟁과 죽음이 일상이던 시대는 없었을 것이다.

다수의 삶이 위협받는 상황에서 삶의 보전보다 더 절실하고 중대한 가치는 없다. 가장 적극적이고 어떤 의미에서는 가장 혁명적인 가치다. 장자의 문제의식은 단순히 나만 잘살고 보자는 협소한 의미가 아니다. 삶의 보전을 가장 중요한 시대적 가치로 제시한다는 점에서 개인적 의미나 삶의 방편을 넘어선다.

관직에 진출해 전쟁을 막는 것이 바람직하지 않느냐는 반론이 있을 수 있다. 유가나 묵가가 장자를 비웃으면서 줄기차게 주장한 바이기도 하다. 임금 앞에서 유세하여 벼슬을 얻고, 용병보다는 덕에 기초한 정치를 펼치도록 유도한다는 생각이다. 한비는 『한비자』에서 신중한 유세를 통해 화를 피하고 임금을 설득할 수 있다고 했다.

유세의 어려움이란 군주의 마음을 잘 알아, 거기에 맞게 말하는 데 있다. (…) 용은 잘 길들이면 등에 탈 수도 있다. 그러나 목 줄기 아래에 한 자 길이의 거꾸로 난 비늘이 있는데, 이것을 건드리면 그 사람을 죽여버린다. 유세하는 사람이 군주의 거꾸로 난 비늘을 건드리지 않을 수 있으면 성공적인 유세라 할 수 있다.(「세난說難」)

한비에 의하면 임금에게 유세하는 일은 지식과 언변으로 상대방을 자신의 뜻에 맞도록 이끄는 일이 아니다. 군주의 마음을 잘 헤아려 맞춰야 하는 것이다. 그러면서 우리가 잘 아는 '역린'을 꺼낸다. 용의 거꾸로 난 비늘을 건들면 안 되듯이 군주가 금기로 여기는 것을 건들지 말아야 한다. 잘 지키면 신하로서 뜻한 바를 이룰 수 있다.

하지만 장자가 보기에 이 역시 죽음을 자초하거나 전쟁에 몸을 싣기 십상이다. 먼저 임금이나 신하에 의해 죽음의 그림자가 다가온다. 유세의 어려움을 누구보다 잘 아는 한비조차 진나라에서 죽임을 당해 유세의 화를 벗어나지 못했다. 『사기』에 의하면 진시황은 한비의 저서를 보고 "이 사람을 만나 사귈 수 있다면 죽어도 여한이 없을 것"(「노자한비열전老子韓非列傳」)
이라고 했다. 하지만 신하인 이사가 한비를 시기하여 모함해 비참하게 죽
었다. 임금에 대한 공자의 신중함과 예의를 이어받은 제자 자로도 임금 앞
에서 의로움을 주장하다 죽임을 당했다.

한비나 자로의 죽음은 포악한 임금을 만났기 때문이고, 어느 정도 인의
를 이행하거나 받아들일 가능성이 있는 임금을 섬긴다면 전쟁을 피하고
덕을 이룰 수 있지 않느냐는 반론이 가능하다. 하지만 장자는 이조차 헛된
꿈이라고 한다. 그는 잠시 공자의 가면을 쓰고 말한다.

옛날에 요임금이 총지와 서오를, 우왕이 유호를 공격했는데, 모두 황무
지가 되고 임금들은 형벌로 죽었다. 끝없이 명예를 위해 군대를 동원하
고, 실리를 탐내다가 그렇게 되었다. 명예와 실리는 성인도 물리칠 수 없
는데 네가 어찌 물리치겠느냐.(「인간세」)

요임금과 우왕은 인의를 수용할 가능성 정도가 아니라 유가에서 가장
이상적인 성군으로 여긴다. 고대국가와 군주의 본질적 속성이 전쟁과 지
배에 있음을 잘 보여준다. 성인으로 불리는 군주조차 제후들을 제압해 중
국 전체의 통치자라는 이름을 얻고, 전쟁으로 부국을 이루고자 한다. 특별
한 폭군이 아니라 해도 군주라면 벗어나지 못하는 속성이다.

다음으로 벼슬에 나아가 전쟁 방지가 아니라 오히려 전쟁에 몸을 싣는
결과로 나타난다. 전쟁에 비판적인 태도를 지녔던 맹자도 『맹자』에서 양
나라 혜왕이 강한 나라가 되는 방법을 묻자 다음과 같이 대답했다.

백성에게 어진 정치를 펴고 (…) "저들이 자기 백성을 곤경에 빠뜨렸을 때 왕께서 가서 정벌한다면 누가 왕께 대적하겠습니까? 그래서 '어진 사람에게는 대적할 자가 없다.'고 하는 것입니다."(「양혜왕梁惠王」)

덕으로 국력을 키워 주변 나라를 정벌하도록 권하고, 인仁하지 않은 임금이 다스리는 나라에 대한 공격을 정당화했다. 전국시대 상황에서 왕의 측근 신하는 죽거나 전쟁을 인정하거나 둘 중의 하나를 선택하는 수밖에 없었다. 그래서 장자는 "아서라. 덕을 사람들에게 내세우는 짓을! 위태롭도다."라며 어리석음을 질타한 것이다.

사람들은 접여를 미친 사람이라고 하지만, 사실은 백성을 전쟁이라는 무덤에 던져버리는 제후들이야말로 가장 미친 사람들이다. 또한 왕의 비위를 맞추며 천하의 패자가 되기를 부추기고, 전쟁 승리를 위한 권모술수를 제공하는 숱한 신하들이야말로 미치광이다. 나아가 당장 수많은 백성이 죽어가는 전국시대 상황에서 전쟁의 원흉인 군주의 신하가 되어, 그들을 인자한 사람으로 바꿀 수 있다고 하고, 예나 제사 절차에 매달리며, 삼년상을 지내지 않으면 짐승과 다름없다고 설파하는 유가 지식인들을 과연 정상이라고 볼 수 있을까?

현실을 회피하면 삶을 보전할 수 있는가?

여전히 문제는 남는다. 장자는 그래서 어쩌자는 것인가? 정치든 세상일이든 관심을 끄고 말 그대로 죽음을 피하기만 하면 되는가? 도가에 공감한다고 생각하는 사람들 대다수가 열자나 당나라 시인 이백의 삶을 대안이라고 여긴다. 두보가 유가를 대표하는 시인이라면, 이백은 도가를 대표하는 시인이다.

남송의 화가 양해梁楷의 〈이백행음도李白行吟圖〉는 열자처럼 세상을 등지고 바람을 벗 삼아 신선처럼 노닐며 살아가던 이백의 풍모를 담고 있다. 이백이 하늘의 도를 살피려는 듯 고개를 들어 하늘을 응시하고 있다. 몸은 거의 생략했다는 말이 어울릴 정도로 단지 몇 개의 선으로 대신했다. 화가가 속세의 이해관계에 몸을 담지 않는 이백의 뜻을 이렇게 표현했는지도 모르겠다. 마치 신선도의 한 장면을 보는 듯하다.

우리도 도가에 심취했던 이백의 삶처럼 현실에 무심하게 살아가면 되는가? 이백이 스스로를 미치광이 접여에 비유한 〈여산요廬山謠〉의 일부 내용을 보며 생각의 가닥을 잡아보자.

나는 본디 초나라 광인, 봉새 노래로 공구를 비웃었나니
손에 녹옥의 지팡이를 짚고 아침에 황학루를 떠났네.
오악에 신선 찾아 먼 길 사양치 않고 (…)
한만과는 땅 끝에서 만나자는 선약 있나니
노오를 만나 천상의 세계에서 놀리라.

이백은 정치에 종사하려는 일념으로 살아간 공자의 위태로움을 비웃고 길을 떠난다. 황학루를 떠나는 것은 시대에 대한 문제의식을 담은 듯하다. 원래 황학루는 오나라 왕 손권이 촉나라와 싸우기 위해 서산 기슭에 쌓은

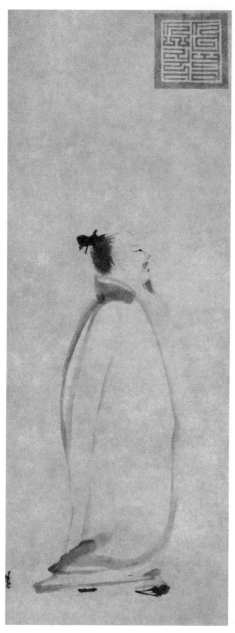

양해,
〈이백행음도〉, 13세기 초반

망루였다. 전쟁을 위한 도구였던 망루에서 떠나는 것은 한편으로 세상의 더러운 이해관계에서 벗어남을 의미한다.

전국시대 이후 오행사상의 영향을 받아 신선이 노닌다는 오악의 관념이 생겼는데, 이백은 이 산들을 찾아가겠노라고 말한다. 세상사에서 벗어나 산과 강을 찾아 떠돌며 자연과 일치된 세월을 보내고, 분별에서 벗어나 스스로 도에 이르려 한다. 한만과 노오는 기괴한 모습으로 바람을 타고 가벼이 춤추며 신선처럼 살았다고 한다. 이백은 자신도 이들처럼 세상의 위태로움에서 벗어나 신선의 삶을 살겠다는 취지를 보여준다.

이백처럼 무언가를 생산적으로 이루는 일 없이 하루하루를 보낼 때 허송세월한다고 주변에서 타박하기 일쑤다. 세상에 등을 돌리고 신선 흉내를 내고 살면 무능하거나 괴상한 사람 취급을 받는다. 심하면 접여처럼 미치광이 소리를 들어야 한다. 장자는 대다수 사람들이 그토록 비상식·비정상이라고 여기는 바로 그 자리에 서서 우리에게 대화를 걸어온다.

우리가 당연하다고 생각했던 사고방식이 정말 당연한 것인지, 우리가 미쳤다고 생각했던 행위가 정말 미친 것인지, 혹시 거꾸로 알고 있는 것은 아닌지에 대해 고민하도록 자극한다. 그런데 여전히 의문이 떠나지 않는다. 과연 장자의 권고가 이백과 같은 삶의 방식이었을까? 정말 삶의 보전을 위해 세상을 등지라고 권하고 있을까?

만약 장자의 결론이 이백의 방식이라면 좀 이상하다. 그동안 장자가 강조한 문제의식이 공중으로 붕 뜨거나 날아가버린다. 그는 앞서 쓸모에 대해 논할 때 "재목이 되는 것과 재목이 되지 않는 것의 중간에 처신하겠다."라고 했다. 비록 재난의 가능성이 있지만 치열하게 경계에 서 있겠다던 장자가 재난의 흔적이 없는 안전지대로 숨으라고 주장했을까?

장자는 「인간세」에서 공자와 제자의 가상 대화 형식을 빌려 고민을 드러낸다. 제자가 위나라에 가서 뜻을 펼치겠다고 하자, 장자는 "포악한 사람 앞에서 억지로 인의니 법도를 늘어놓는 것은 남의 악함을 이용하여 자기 잘남을 드러내려 하는 것"이라고 말한다. 인의나 법도를 내세우는 짓은 자신의 우월함을 과시하려는 것일 뿐 문제 해결에 도움이 안 된다는 것이다. 오히려 군주의 감정만 건드려 해를 자초한다. 한비나 자로가 그러했듯이 임금이나 세상을 바꾸기는커녕 자기 목숨만 잃는다.

그렇다고 해서 무조건 피하기만 하라는 주문은 아니다. 이어지는 문장에서 "이름 같은 데 영향을 받아서는 안 된다."라고 한다. 정치 참여 자체를 모두 부정하지는 않는다. 필요할 경우 참여해서 일정한 역할을 할 수 있다고 말한다. 하지만 이름을 남기려는 유가 방식이어서는 안 된다. 장자는 "부득이한 일", 즉 필수불가결한 일이 발생했을 때, 실제로 바뀔 가능성이 있는 일의 영역에 한해서 역할을 하면 "그런대로 성공할 것"이라고 한다. 유가의 이상과는 거리가 있을지라도 일정한 범위 내에서 유의미한 활동은 가능하다는 뜻이다. 또한 장자는 정치에 참여하여 일을 이루어가는 구체적 방법에 대해서도 제안한다.

호랑이를 기르는 사람은 산 것을 먹이로 주지 않는데, 먹이를 죽이는 중에 생겨날 노여움 때문이다. 또 완전한 형체를 가진 먹이를 통째로 주지 않는데, 찢는 사이에 생겨날 노여움 때문이다. 굶주림과 배부름에 맞춰 먹이를 주어 노여운 마음을 트이게 해준다.

살아 있는 먹이나 완전한 형체의 먹이는 무엇을 의미할까? 정치에 참여하여 군주를 상대할 때는 따름과 거스름 모두를 경계해야 한다. 원하는 것을 무조건 주어서도 안 되고, 그들의 본성을 완전히 부정하는 방식이어서도 안 된다. 군주가 전쟁을 원한다고 해서 이를 통째로 던져주어서는 안 된다. 전쟁은 중독과 같아서 국가 간 전쟁을 경험할수록 얻게 되는 영토와 위세에 취해 호랑이가 거칠어지듯이 전쟁광이 되어 간다. 그러나 아예 먹이를 주지 않으면, 즉 전쟁 자체를 반대하면 스스로 화를 입는다.

살아 있지도 않고 완전하지도 않은 먹이가 무엇인지에 대해서는 장자도 명시적으로 말한 적은 없다. 전쟁으로 매일 날을 새고, 들판에 피를 흘리며 쓰러지는 시체가 늘어나고, 피난민과 포로의 대열이 갈수록 길어지는 전국시대였다. 그런 시대에 맹수나 다름없는 군주 밑의 신하로서 그나마 상황을 조금이라도 완화시킬 방안을 찾았던 장자의 깊은 고민을 인정하는 정도로 그의 문제의식을 이해하는 데 만족하는 수밖에 없다.

"그런대로 성공"하는 것조차 안전하지는 않다. 쓸모와 쓸모없음의 경계가 재난에서 완전하게 벗어나지는 못하듯이 말이다. 하지만 이를 통해 우리는 적어도 장자에 대한 뿌리 깊은 오해, 즉 열자나 이백처럼 현실 회피적인 삶의 태도를 장자와 동일하게 여기는 오해에서는 확실히 벗어날 수 있다. 장자가 치열하게 고민했던 것처럼, 공적 영역에서 지식인의 역할을 분명히 모색해야 한다.

고대국가체제, 게다가 전국시대라는 상황에서는 지식인이 정치에 참여할 수 있는 공적 영역이 지극히 제한적임을 고려해야 한다. 지식인이 공적으로 쓰일 수 있는 자리는 철저히 국가 영역 내로 국한되었다. 장자의 고민도 여기에 있다. 국가체제 내에서 역할을 하는 것 이외에 다른 방법이 없는 현실에서, 세상을 외면하지 않고 삶을 보전하며 세상의 변화에 참여할 방법을 고민해야 하는, 매우 좁은 선택 가능성 안에 있어야 했다.

하지만 현대사회는 국가 이외의 공적 영역이 비약적으로 확대되어 있다. 정당, 언론, 시민사회 단체 등 다양한 영역에서 공적 참여가 가능하다. 만약 장자가 주장한 삶의 태도를 개인 생활에의 안주나 현실 회피처럼 자기만족적인 생활에 가두고, 공적 영역에서는 무관심과 실천을 기피하는 것을 정당화하려 한다면 장자를 심각하게 왜곡하는 일이다. 장자가 다양한 공적 영역이 존재하는 현대사회에 살고 있다면 훨씬 폭넓게 정치 현실을 구체적으로 고민하고, 이를 극복하기 위한 실천적 참여 방안을 마련했을 것이다. 이것이 장자를 진정으로 이해하는 사람이 '지금, 여기'에서 취해야 할 고민의 방향이다.

죽음과 삶을
하나로 보다

죽음에 애통해하며 저승에서의 행복을 빌다

죽음은 인간이 가장 두려워하는 사건이다. 결국 죽음을 회피할 수 없는 노릇임을 잘 알지만, 최대한 늦추고자 애를 쓴다. 현대사회에서는 각종 의료기술의 힘을 빌려 생명 연장의 꿈을 이루려고 노력한다. 그 결과 평균수명이 비약적으로 늘어나 한국을 비롯하여 웬만한 경제 수준을 이룬 나라에서는 이미 80세를 넘기고 있다.

죽음을 늦추고 삶을 연장하려는 열망이 큰 만큼 가까운 사람이 죽거나 자신에게 죽음의 그림자가 드리워졌을 때 극심한 슬픔에 빠진다. 죽음이라는 현실을 인정하지 않으려는 듯 격한 감정에 휩싸여 몸부림치는 경우가 많다. 거기까지는 아니라 해도 망자 앞에서 애통해하며 곡을 하는 행위를 당연한 예의로 알았다. 우리나 중국을 비롯해 유교의 영향을 받은 아시아 여러 나라의 전통사회에서 가족은 조문객 앞에서 '아이고, 아이고' 소

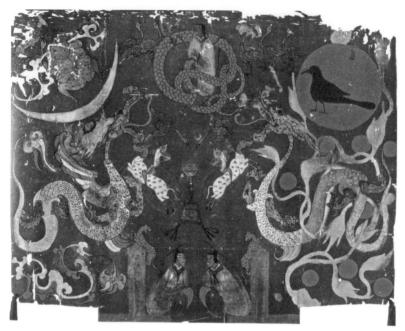

〈마왕퇴한묘백화〉 부분, 기원전 2세기

리를 내며 곡을 해야만 예의를 갖추었다고 인정받았다.

슬픔이 큰 만큼 사후세계에서도 이 세상에서 누리던 지위나 행복이 이어지기를 빌었다. 이를 위해 복잡한 장례 절차를 만들고, 크고 화려한 묘를 만드는 데 정성을 쏟았다. 권력과 부를 지닌 사람이라면 더 말할 나위가 없다. 더 오랜 추모 기간을 두고, 더 막대한 물자를 동원해 묘를 만들고 치장하는 데 공을 들였다.

한나라의 무덤에서 발견된 〈마왕퇴한묘백화馬王堆漢墓帛畵〉는 죽음에 특별한 의미를 부여했던 태도를 극명하게 보여준다. 재상 부인의 관을 덮는 비단에 그려진 그림인데, 중국 고대 백화예술의 최고봉으로 꼽힌다. 위의

그림으로 읽는 장자

그림은 신선들이 머무는 천상계를 묘사한 장면이다. 아래로 사람이 사는 인간계, 악령들이 모여 있는 지하계로 이어진다.

중앙의 윗부분에 무덤의 주인공인 부인이 있다. 양옆으로 해와 달의 상징이 보이고, 용을 비롯하여 신화 속의 동물이 가득하다. 인간계에서는 부인의 가족들이 제사를 지내는 장면이 나온다. 세상을 떠난 망자에 대한 애통한 심정과 지상에서의 부귀영화가 사후-세계까지 영원히 이어지기를 바라는 염원이 담겨 있다. 가까운 사람의 죽음에 오랜 기간 절절한 애도를 표하고, 망자가 천당이나 극락에서 행복을 누리도록 비는 태도는 예나 지금이나 인간으로서 지녀야 할 당연한 덕목으로 여긴다.

하지만 장자는 우리의 상식에서 벗어난다. 죽음에 대한 내용이 곳곳에 나오는데, 특히 「양생주」에서 노자의 죽음을 다룬 대목은 깊은 고민을 안겨준다. 노자가 죽자, 진실이 조문하러 가서 세 번 곡을 하고는 나와버렸다. 제자가 "그분은 선생님의 친구가 아니십니까?"라며 부실한 조문 태도에 의아해하자, 진실이 다음처럼 답한다.

처음에 그를 훌륭하게 여겼지만 지금은 그렇지 않다. 조문을 하면서 보니 노인들은 자식을 잃은 것처럼 곡을 하고, 젊은이들은 어머니를 여읜 것처럼 곡을 하더구나. 노자가 조문을 해달라고 부탁하지는 않았을망정 조문을 하도록 만들고, 곡해 달라고 부탁하지는 않았을망정 곡을 하도록 만들었기 때문일 것이다. 자연을 어기고 진실을 배반하며 분수를 잊은 것이다. 옛날에 이를 '자연을 어긴 죄악'이라 했다. 세상에 태어난 것은 태어날 때가 되었기 때문이며, 죽은 것도 죽을 운명에 따른 것이다. 윤회와 운명에 따르면 슬픔이나 즐거움은 끼어들 수가 없다. 옛날에는 이를 하늘의 속박으로부터 해방이라 불렀다.

조문 온 사람들이 너무나 슬프게 곡을 하는 모습을 보고 비판하는 내용이다. 비판은 노자를 향한다. 노자가 평소에 삶과 죽음에의 집착에서 벗어나라고 권했기에 의아스러운 비판이기는 하다. 『도덕경』에서 "삶을 추구하지 않는 사람은 삶을 귀하게 여기는 사람보다 더 현명하다."라고 한 바 있다. '삶을 귀하게 여기는 사람'이란 단순히 삶을 소중하게 여기는 게 아니라, 문맥으로 볼 때 삶에 집착하는 사람이다. 마찬가지로 '삶을 추구하지 않는 사람'이란 삶을 하찮게 여기는 게 아니라, 죽음을 자연스럽게 받아들이는 사람이다. 그만큼 노자는 스스로 죽음에 초연한 태도를 강조해왔다.

그럼에도 불구하고 왜 노자가 문제일까? 자신이 죽은 후에 조문과 곡을 해달라고 부탁하지는 않았을지라도, 사람들이 그런 행동을 당연하다는 듯이 하는 이유는 이를 자연스럽게 여기도록 노자가 인정했기 때문이다. 적어도 죽음에 대해 격하게 곡을 하거나 슬퍼하는 일이 왜 문제인지를 특별히 강조하거나 충분히 설명하지 않았기 때문에 나타나는 반응이라는 지적이다. 노자가 죽음의 문제에 대해 철저하지 않았다는 비판이다.

장자는 죽음에 격하게 슬퍼하는 것을 "자연을 어긴 죄악"으로 규정한다. 삶과 죽음이 자연의 원리이기에 즐거움이나 슬픔에 휩싸일 이유가 없다. 아침에 해가 떴다고 기뻐하고, 저녁이 되어 해가 졌다고 슬퍼하지 않듯이 삶과 죽음에 대해서도 평온한 마음을 유지해야 한다. 격한 감정에 빠질 정도로 집착하는 마음은 그만큼 자연의 원리에서 벗어난 잘못이 된다.

그림으로 읽는 장자

죽음에 특별한 의미와 가치를 부여한 유가

상당수의 장자 해석은 죽음을 둘러싼 사례나 대화 혹은 비유를 개인의 인생관 정도로 여긴다. 죽음에 초연함으로써 마음의 안정을 찾고 평화로운 삶을 유지하라는 주문으로 이해한다. 하지만 죽음의 문제도 춘추전국 시대의 뜨거운 논쟁을 반영한다. 개인을 넘어 사회적 · 정치적으로 중요한 문제의식을 담는다.

유가는 죽음에 격한 반응을 보이고 특별한 의미를 부여한다. 공자는 『논어』에서 제자가 병이 나자 손을 잡고 말한다. "이럴 수가 없다! 운명인가! 이런 사람에게 이런 병이 생기다니!"(「옹야」) 운명을 거론하는 것은 순응이 아닌, 거부하고 싶은 마음에 가깝다. 제자의 죽음을 앞에 두고는 더욱 격한 반응이 나온다. 안연이 죽자, "아아! 하늘이 나를 망치는구나!"(「선진 先進」)라며 절규에 가까운 신음을 토한다. 그래서 공자의 제자들은 "상을 당하면 애통함을 다해야 한다."라고 생각했다.

특히 공자는 생로병사가 효도나 예의에 연결될 경우 더욱 특별한 의미를 둔다. "부모의 나이는 몰라서는 안 된다. 한편으로는 장수하심이 기쁘고, 한편으로는 노쇠하심이 두렵기 때문이다."(「이인」) 자연의 원리로 보자면 노년에 접어들며 몸의 노화는 당연한 현상이다. 하지만 공자에게는 기쁨과 두려움이 교차한다. 부모의 죽음에 대해서는 애통하게 곡을 하는 것으로 끝나지 않는다. 삼 년 동안의 상을 지내 예와 효를 다해야 한다. 제자인 재아가 삼년상을 지내면 일상이 무너지니 일 년이면 충분하다고 하자 공자가 불같이 화를 낸다.

초병정, 〈치임별귀도〉, 18세기

"그 기간에 쌀밥을 먹고 비단옷을 입어도, 마음이 편안하겠느냐? (…) 네가 편안하다면 그리 해라! 군자는 상을 치를 때, 맛있는 것도 달지 않고, 음악도 즐겁지 않으며, 잘 지내도 편안치 않다. 지금 너는 편안하다니 그리 해라!" 재아가 나가자, 공자가 말했다. "재아는 어질지 못하다! 자식은 나서 삼 년이 돼야 부모 품을 벗어날 수 있다. 삼년상은 천하에 통용되는 상례다. 재아도 삼 년은 부모의 사랑을 받지 않았겠는가."(「양화」)

청나라 화가 초병정의 〈치임별귀도治任別歸圖〉는 삼년상에 대한 공자의 완강한 태도를 보여준다. 그림은 공자가 죽자 제자들이 스승을 부모처럼 여겨 삼년상을 지내는 광경을 담았다. 제자 자공은 삼년상이 끝난 후에도

그림으로 읽는 장자

다시 홀로 삼 년을 더 공자의 묘를 지켰다. 제자들이 삼년상을 공자의 가장 중요한 가르침으로 여겼음을 알 수 있다. 중국만이 아니라 조선의 유가 선비들도 부모가 세상을 떠나면 삼년상을 엄격히 지켰다.

그림을 보면 여러 제자가 공자의 묘 옆에서 헤아릴 수 없이 깊은 슬픔에 빠져 있다. 입가에 손을 대며 소리 죽여 우는 사람, 땅을 치거나 아예 엎어져 통곡하는 사람, 울다 지쳤는지 부축을 받는 사람, 스승을 데려간 하늘을 원망스러운 듯 올려다보는 사람 등 다양한 모습을 보여준다. 삼 년 내내 무덤 주변에서 애통해하는 곡소리가 떠나지 않았을 듯하다. 왼편의 초막에 있는 제자는 혼자 삼년상을 다시 지낸 자공이다.

재아와의 대화 분위기로 봐서 공자는 삼년상에 대해 지긋지긋하게 많은 반론을 들었던 듯하다. 말에 짜증이 뚝뚝 묻어난다. 제자까지 반박을 하니 초장부터 기분이 상한 기색이다. 말과 행동이 신중하던 공자답지 않게 지극히 감정적인 반응이다. 일 년만 상을 지내고 나머지 이 년 동안 잘 먹고 잘 입고 지내는 게 마음이 편하겠느냐며 빈정댄다. 공자는 더 이상 논의를 지속할 마음이 없어 보인다. 거의 '네 맘대로 하세요.' 분위기다. 재아도 더 이상의 대화가 의미 없다고 생각했는지 자리를 뜬다. 공자는 다른 제자들에게 곧바로 그가 어질지 못하다고 단정 짓는다. 다른 주제에 대해서는 차분하게 설득하거나 가르침을 주지만, 죽음을 애도하는 상이나 효에 대해서는 감정적일 정도로 민감하게 반응한다.

삶과 죽음은 하나다

장자가 보기에 죽음에 대한 공자와 유가의 태도는 큰 잘못이다. 『장자』
외편에는 장자의 처가 죽자 혜자가 조문을 간 이야기가 나온다. 장자는 두
다리를 뻗고 앉아 동이를 두드리며 노래하고 있었다. 혜자가 "그분과 함
께 살았고, 자식을 길렀으며, 함께 늙었네. 그런 부인이 죽었는데 곡을 안
하는 것은 물론, 동이를 두드리며 노래까지 부르고 있으니 너무 심하지 않
은가?"라고 지적하자 장자가 말했다.

처음에는 어찌 슬픈 느낌이 없었겠는가? 그러나 태어나기 이전을 살피
니 본래 삶이 없었고, 형체도 없었고, 나아가 기운조차 없었네. 흐리멍덩
한 무언가가 변하여 기운이, 기운이 변하여 형체가, 형체가 변하여 삶이
있게 되었네. 지금 또 변하여 죽어간 것일세. 봄, 여름, 가을, 겨울의 운
행과 같네. 부인은 하늘과 땅이라는 거대한 방 속에 편안히 잠들었네. 엉
엉 소리치며 곡을 하면 운명에 통달하지 못한 일이라 생각되어 곡을 그
쳤네.(「지락」)

죽음은 자연의 변화 안에 있다. 삶도 원래 주어져 있던 게 아니다. 생명
의 원천을 거슬러 올라가면 기운이나 무엇이라 이름을 붙일 수 없는 상태
까지 도달한다. 죽음과 함께 왔던 곳으로 돌아갈 뿐이다. 『열자』에서 "죽
은 사람을 돌아가신 분이라고 말한다면 곧 산 사람은 길을 가고 있는 사
람이 된다. 길을 가면서도 돌아갈 줄 모른다면 그는 집을 잃은 자라 할 것

이다.”(「천서天瑞」)라고 말한 것도 비슷한 맥락이다. 죽음이란 왔던 곳으로 돌아가는 것뿐인데 이를 잊거나 부정하려 한다면 집을 잃은 상태나 마찬가지다.

죽음은 계절이 바뀌듯 자연 변화의 일부다. 자연스러운 질서에 들어가는 일인데 새삼스럽게 슬퍼하거나 두려워할 필요도 없다. 이를 자연과 인간을 구분하지 않는 자연주의 사고, 혹은 세계와 자신을 뒤섞어놓은 미분화된 사고로 이해한다면 좁은 소견이다. 이성이 개입하지 않는 순수한 자연주의라면 장자가 처음에 슬픔을 느낀 데 머물지 않고 상당 기간 이어져야 한다.

동물도 어미나 짝의 죽음을 슬퍼한다. 자연과 아무런 구분이 없는 사고라면 오히려 슬퍼해야 마땅하다. 장자는 인간의 삶이 자연 변화와 무관한 듯이 여기는, 즉 자연을 대상화하여 인간과 분리시키는 사고를 다시 대상화하여 통찰한다. 한층 고도화된 대상화 능력으로 도달한 인간과 자연의 통일로 파악할 때 진정한 의미에 접근할 수 있다.

조선 중기 화가 김명국金明國의 〈은사도隱士圖〉는 중국과 우리의 옛 그림을 통틀어서 죽음에 대한 장자의 태도를 가장 잘 보여주는 그림이다. 언뜻 보면 제목 그대로 초야에 숨어 사는 선비를 그린 것 같다. 지팡이 하나에 의지하여 세상을 등지고 산속으로 떠나는 모습이다. 하지만 주의를 기울여서 보면 그렇게 간단하지 않다. 보통 자연에 숨어 사는 은사라면 머리에 삿갓을 쓰거나 편한 갓 차림이기 마련이다. 그런데 여기에서는 헝겊으로 머리를 둘러서 마치 염을 끝낸 시신의 머리를 덮어 묶은 듯하다. 화가가 그림 위에 쓴 글도 이러한 짐작을 뒷받침한다.

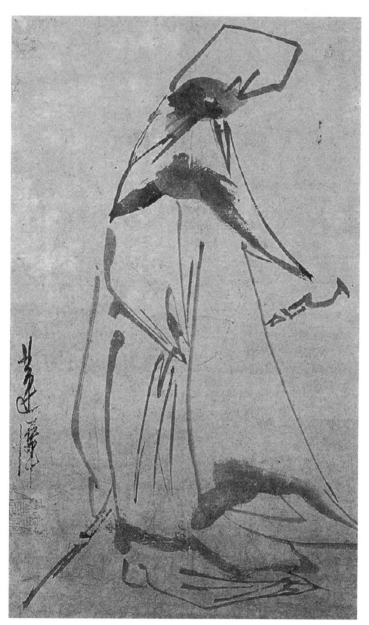

김명국, 〈은사도〉 부분, 17세기

없는 것에서 있는 것을 만드는데

그림으로 모습을 그렸으면 그만이지 무슨 말을 덧붙이랴.

세상에는 시인이 많고도 많다지만,

그 누가 이미 흩어진 나의 영혼을 불러주리오.

화가로서 그림으로 남기면 됐지, 무슨 말을 덧붙이겠느냐고 한다. 유언임을 짐작할 수 있는 언급이다. 게다가 '흩어진 나의 영혼'을 누가 불러줄수 있겠느냐는 토로도 죽음을 암시한다. 일종의 유언장이자, 영혼이 되어사후세계로 떠나는 자화상이다. 상복을 입은 모습은 그래서 '죽음의 자화상'으로도 불린다. 죽음에 대해 두려워하거나 회피하지 않고 담담한 마음을 갖고 정면으로 마주한다.

또한 장자는 죽음은 곧 삶의 문제라고 말한다. "대지는 형체를 부여하여살게 함으로써 나를 수고롭게 하고, 늙음으로써 나를 편안케 하고, 죽음으로써 나를 쉬게 한다. 그러므로 자기의 삶을 잘 사는 것이 곧 자기의 죽음을 잘 맞이하는 것이다."(「대종사」) 장자에게 삶과 죽음은 별개가 아니라하나로 이어져 있다. 죽음을 자연의 변화로 이해하여 필요 이상 얽매이지않음으로써 현실의 삶에 충실할 수 있다. 죽음을 정면으로 응시함으로써집착을 떨치고 마음의 평온을 찾는다. 그리고 이를 계기로 후회 없는 삶에도달한다.

죽음에 의연할 때 자유롭고 행복하다

한 발 더 나아가 죽음에 의연할 때 사회에서 진정 자유롭고 행복할 수 있다. 이것은 개인의 내적 성찰에 머물지 않고 사회적·정치적 의미로 확장된다. 장자는 삶과 죽음을 격한 감정에 맡겨두지 않을 때 의연함을 견지할 수 있다고 말한다.

참된 사람은 삶을 기뻐할 줄도 모르고, 죽음을 싫어할 줄도 모른다. 세상에 나옴을 기뻐하지 않고 저승으로 들어감을 거부하지 않는다. 의연히가고 올 따름이다. 삶의 시작을 꺼리지도 않거니와 삶의 종말을 바라지도 않는다.(「대종사」)

삶과 죽음에 대한 태도가 어떤 점에서 사회적·정치적 의미를 지닐까? 죽음의 문제는 동서양을 막론하고 통치 이데올로기에서 중요한 역할을 담당했다. 춘추전국시대에도 지배세력은 사람들이 죽음에 대해 특정한 태도를 갖도록 유도했다. 언뜻 모순으로 보이는 상반된 태도를 동시에 요구했다. 한편으로 국가를 위한 죽음은 가볍게 여기고, 다른 한편으로 일상적으로는 죽음을 두려워하게 했다.

국가를 위한 죽음을 가볍게 여기게 하기 위해 지배세력이 강조한 가치가 충성과 용기다. 전쟁이나 국가사업에 한 치의 망설임 없이 가볍게 목숨을 던지도록 했다. 노자가 『도덕경』에서 "백성이 죽음을 가볍게 여기는 것은 윗사람이 지나치게 삶에 집착하기 때문이다. 그 때문에 죽음을 가볍게 여긴다."라고 한 말은 의미심장하다. 윗사람이 지나치게 삶에 집착한다는 것은 지배세력이 현실의 부와 지위에 매달린다는 의미다. 이를 위해 필요한 전쟁이나 대형 공사에 백성이 목숨을 던질 때 그 행동을 충성과 용기로 여기도록 주입시킨다.

일상적으로는 삶에 집착하고 죽음에 두려움을 느끼도록 백성에게 강조한 가치가 바로 효도다. 부모의 죽음을 항상 우려하고 무한한 슬픔을 느끼도록 했다. 또한 효는 개인의 일상적인 삶의 영역에서 생명 유지를 최고의 가치로 여기게 만든다. 우리에게 '신체발부수지부모身體髮膚受之父母'로 잘 알려진,『효경孝經』에 실린 공자의 가르침은 이를 잘 보여준다.

덕의 근본인 효에서 가르침이 비롯된다. 부모에게 받은 신체, 터럭, 살갗을 손상시키지 않는 것이 효의 시작이다. 몸을 세워 도를 행하고 후세에 이름을 날려 부모를 드러내는 것이 효의 끝이다. 부모 섬김에서 시작하여 임금 섬김을 거쳐 몸을 세우는 데서 끝난다.

효는 부모에게 받은 몸을 털끝 하나 다치지 않고 잘 보전하는 데서 시작된다. 이러한 도덕률이 사람들의 사고방식을 지배할 때 사회적으로 부당한 상황이나 억압에 맞닥뜨려도 자기 일신 유지에 몰두하게 함으로써 지배의 안정성이 강화된다. 그런데 효의 끝은 임금을 섬겨 세상에 이름을 남기는 데 있다. 즉 효는 충으로 마무리된다. 평소에는 죽음을 두려워하고 삶의 유지를 기쁨으로 여기지만, 임금의 뜻을 받들어 이름을 남기기 위한 것이라면 죽음을 가볍게 여겨 목숨을 던지도록 한다. 효를 둘러싼 삶과 죽음의 논리에 노골적으로 통치 이데올로기가 섞인다. 임금이 백성을 따르게 하는 방법을 논하는 과정에서 나온 내용이라는 점도 이를 뒷받침한다.

삶과 죽음의 논리를 담고 있는 효가 통치 이데올로기임을 잘 보여주는 또 하나가 '군사부일체'라는 유가의 가치다. 효는 "부모 섬김에서 시작하여 임금 섬김을 거쳐 몸을 세우는 데서 끝난다."라는 공자의 주장을 주자는 『소학小學』에서 다음과 같이 풀이한다.

> 부모는 나를 낳았고, 스승은 나를 가르쳤고, 임금은 나를 길렀다. (…) 자신을 살게 한 공덕이 비슷하다. 하나같이 모시고 죽을 때까지 섬겨야 한다. 삶의 근원을 마련해준 사람에게 목숨 바쳐 보답하고, 보탬을 준 사람에게 힘으로 보답하는 것이 도리다.(『명륜明倫』)

부모가 없으면 자식이 태어나지 못한다. 스승이 없으면 가르침을 받지 못한다. 임금이 없으면 나라를 이끌어가지 못한다. 백성은 이 셋이 함께 있기에 살 수 있다. 그러므로 마음을 다해 섬겨야 한다는 논리가 효와 충을 위해서는 목숨을 바치는 데 망설임이 없어야 한다는 논리로 이어진다. 당연히 이 가운데 현실적으로 목숨을 바쳐야 하는 대상은 국가다. 이를 위한 일에 목숨을 아낀다면 짐승과 다를 바가 없다.

유가의 도덕률 아래서 일상적으로는 죽음을 두려워하고 삶에 집착하며, 국가를 위해서는 죽음을 가볍게 여기는 이중의 감정을 가져야 한다. 현상적으로는 상반된 감정이어서 우리를 혼란스럽게 하지만, 본질적으로는 하나로 모아진다. 지배세력과 국가의 이익을 중심으로 하고, 백성을 대상과 수단으로 보는 점에서 하나로 연결된다. 삶과 죽음에 대한 태도 문제가 개인의 내적 성찰에 머물지 않고 사회적·정치적 의미로 확장된다.

참된 사람은 삶과 죽음에 의연한 태도를 지닌다는 장자의 관점이 중요한 이유가 바로 여기에 있다. 의연한 태도를 지님으로써 통치 이데올로기가 파놓은 도덕률의 함정에 빠지지 않을 수 있기 때문이다. 노자가 『도덕경』에서 "사람들이 죽음을 두려워하지 않으면 어떻게 죽음으로 위협할 수 있겠는가?"라고 한 말도 장자의 문제의식과 일맥상통한다.

장자는 삶과 죽음을 격한 기쁨과 두려움에 맡겨두지 않을 때, 죽음에 효나 충과 같은 특별한 가치를 결부시키지 않을 때, 죽음을 자연의 변화로 담담하게 받아들일 때, 즉 죽음에 의연할 때, 인간은 권력의 위협에 굴종하거나 지배세력의 논리에 순응하지 않고 개인으로서 진정 자유롭고 행복한 삶을 향해 나아갈 수 있음을 강조한다.

제3장

새로운 눈으로 세상을 거닐다

말로 옳고 그름을 구분할 수 있는가?

이것과 저것은 정말 다른가?

왜 손가락은 손가락이 아닌가?

꿈을 꾸는가, 깨어 있는가?

하늘과 인간은 어떤 관계인가?

莊子

모두 저것 아닌 것이 없고, 이것 아닌 것이 없다. 상대방이 보면 저것이 되는 줄 모르고, 자기에 대한 것만 알 뿐이다. 저것은 이것에서 나오고, 이것은 저 것에서 생긴다. (⋯) 삶이 있기에 죽음이 있고, 죽음이 있기에 삶이 있다. 됨이 있기에 안 됨이 있고, 안 됨이 있기에 됨이 있다. 옳음이 있기에 그름이 있고, 그름이 있기에 옳음이 있다. (⋯) 이것은 동시에 저것이고, 저것은 동시에 이 것이다. (⋯) 저것과 이것이 상대적 대립관계를 넘어 없어지는 경지가 도추道樞 다. 추이기에 회전의 중심에서 무한한 변화에 대응한다. 옳음도 그름도 무한 한 변화의 하나다.(「제물론」)

말로 옳고 그름을
구분할 수 있는가?

말로 표현하는 생각은 일정하지 않다

인간이 생각을 전달하는 대표적인 수단이 언어다. 평소의 감정에서부터 보다 복잡한 이론에 이르기까지 언어를 통해 전달한다. 스스로 오늘 하루의 일상을 뒤돌아봐도 그러하다. 아침에 일어나 가족과의 사소한 대화로 하루를 시작한다. 출근해서 업무와 관련한 회의나 지시 역시 언어가 매개한다. 특정한 사회적 주제나 책 내용을 놓고 토론할 때는 평소에 쓰지 않던 어휘까지 등장한다.

언어는 말과 문자를 포함한다. 업무에 필요한 의사소통은 물론이고 사회적으로 중요한 문제에 대해 옳고 그름을 따질 때도 언어의 엄밀한 사용이 항상 중요한 문제가 되어왔다. 언어의 객관성이나 엄밀성에 기초해서만 논의의 정확성을 인정받을 수 있기 때문이다.

남송 화가 조원형趙元亨의 〈고사논도도高士論道圖〉는 객관적이고 엄밀한

조원형, 〈고사논도도〉, 12세기

말이 필요한 대화를 보여준다. 한가하고 잡다한 이야기를 나누는 분위기는 아니다. 탁자에 두툼한 책이 몇 권 있고, 두루마리를 들거나 펼친 사람도 있는 것으로 봐서 꽤 진지한 대화를 나누는 중이다. 학문에 정진하는 선비의 차림새다. 한 동자가 벼루를 들고 있어서 글로 정리할 준비도 되어 있다.

제목을 보더라도 고결한 선비를 뜻하는 고사 몇 사람이 도에 대해 논의하는 자리다. 존재의 근원, 세상이 움직이고 변화하는 이치, 인간 도리의 기준에 대해 논한다. 동작과 표정에서 진지함과 열띤 분위기가 느껴진다. 이러한 논의에서는 단어와 문장이 엄밀해야 의미 있는 소통이 가능하다. 언어의 역할이 더욱 중요해진다.

만약 동일한 단어를 서로 다른 의미로 사용하면 배가 산으로 간다. 표현이 모호하면 엉뚱하게 이해해서 논의가 모아지지 않는다. 개인의 언어구사 능력 문제가 아니라 언어 자체의 문제라면 더욱 심각하다. 언어가 신뢰할 만한 수단이 아닐 때 타당하다고 여기던 온갖 진리가 흔들린다. 장자는 언어의 절대성과 객관성에 대해 상당히 회의적이다.

> 말로 표현하는 생각은 일정하지 않다. 본래 말이란 존재하는 것일까, 존재하지 않는 것일까? (…) 도는 조그만 성취에 숨겨지며, 말은 화려한 수식에 가려진다. 그러므로 유가와 묵가의 시비가 생겨, 상대가 그르다 하는 것을 옳다 하고, 옳다 하는 것을 그르다 한다. 이렇게 하려면 곧 밝은 지혜로써 해야만 한다.(「제물론」)

당연히 '말'이란 소리가 아니다. 감각으로 느낀 바에 즉각적으로 반응하는 소리와는 전혀 다르다. 웃음이나 신음, 비명은 물론이고 뜨겁다거나 차갑다, 가렵다거나 아프다와 같이 순간적인 감정을 한 개의 단어로 표출하는 데 머물지 않는다. 일반적으로 말이라고 한다면 두 개 이상의 단어로 어떤 내용을 담는 경우가 주요 대상이 된다. 내용은 당연히 말을 통해 표현되는 생각과 연관이 있다.

장자는 '말로 표현하는 생각'이 일정하지 않다는 점을 문제로 삼는다. 생각이 분명해도 말이라는 그릇에 담기는 순간 일정하지 않은 상태로 바뀐다. 정확하지 않다는 의미와 유동적이라는 의미를 모두 갖는다. 이 주장이 성립하려면 말 자체에 한계나 결함이 있어야 한다. 그렇기 때문에 장자는 본래 "말이란 존재하지 않는 것일까?"라고 물음을 던진다. 말 자체의 존재 여부일 리는 없고, 말의 객관성·정확성에 대한 비판적 관점이다.

이어서 말을 통해 이루어지는 진실과 거짓, 옳고 그름의 분별 문제로 넘어간다. 사람들은 어떤 진술의 타당성 여부를 말을 이용한 토론이나 글을 매개로 한 논쟁을 통해 검증해왔다. 그런데 만약 말의 객관성이 의심받는다면 말을 사용한 논증도 의심스러운 처지에 놓인다. 먼저 말의 객관성 여부에 대한 다양한 관점과 장자의 문제의식을 살펴보고, 뒤에서 옳고 그름의 분별이 가능한지의 문제를 살펴보자.

그림으로 읽는 장자

공자와 묵자의 언어에 대한 이해

유가는 언어를 상당히 신뢰한다. 공자가 언어 문제를 별도 주제로 삼아 깊이 파고든 흔적은 없다. 다만 다른 주제를 논하는 과정에서 맥락을 통해 언어에 대한 관점을 확인할 수 있다. 『논어』에서 가르침과 배움을 논하는 내용 가운데 그 단서가 있다.

옛것을 배워 전하기는 하되 창작하지는 않으며, 옛것을 믿고 좋아하니, 속으로 나를 노팽에게 비기는 바이다.(「술이述而」)

공자는 자신이 해왔고 앞으로 하려는 일이 새로운 내용의 창안에 있지 않다고 말한다. 과거에 없던 새로운 가치의 제시가 관심 사항이 아니다. 오직 옛 성현의 말씀을 배워 전하는 데 주력한다. 옛 성현의 말이니 글의 형식으로 기록되어 있다.

옛것을 '전한다'는 것은 일반적으로 생각하는 전달의 의미는 아니다. 만약 단순한 전달이라면 옛 성현의 책을 많이 보급하면 될 테니 말이다. 중요한 것은 '배워' 전한다는 점이다. 옛날에 그 말을 하거나 글을 쓴 사람이 세상과 후대에 전하고자 했던 바를 정확히 파악해낼 수 있다는 자부심을 전제로 해야만 성립한다.

뒤에 이어지는 "옛것을 믿고 좋아"한다는 내용도 이를 뒷받침한다. 언어를 통해 전달된 내용의 의미를 정확히 파악할 뿐만 아니라, 나아가 이를 믿고 따를 수 있다는 단언이다. 노팽은 은나라에서 대부 벼슬에 올랐던 사람으로 옛일을 기술하는 데 뛰어났다. 공자 자신도 옛일을 정확히 헤아릴 수 있음을 자부하는 비유다. 공자는 옛일로부터 모든 기준을 마련하려 했다. "옛 분들의 발자취를 따르지 않으면 훌륭한 경지에 이르지 못한다."(「선진」)

공자는 말로 표현된 생각이 일정할 수 있다는 믿음이 있기에, 배우고 가르치는 일에 강한 확신을 갖는다. "묵묵히 새기고, 배움에 싫증내지 않으며, 가르침에 지치지 않는 일이, 나에게 무슨 문제가 있겠는가?"(「술이」) 옛 성현의 말을 정확히 이해하고, 제자들에게 가르치는 일에 문제가 될 게 없다는 말이다.

묵자도 언어에 대한 관점은 공자와 상당히 비슷하다. 『묵자』에서 "말이란 드러내려는 것을 내놓는 것"(「경편經篇」)이라고 했다. '드러내려는 것'이란 그 사람의 생각이다. 생각하는 바를 그대로 전해서, 드러내려고 하는 것과 내놓은 것 사이에 충돌이 없다. 생각과 말이 상당히 일치하는 관계다. 올바른 기준으로 삼아야 하는 것도 옛 성현의 말이다.

천하가 살아가는 근거는 옛 임금의 도와 가르침이다. 옛 임금을 기리는 것은 천하가 살아가는 근거를 기리는 것이다. 기려야 함에도 기리지 않는다면 인仁이 못 된다.(「경주耕柱」)

묵자에게 옛 성현의 말이나 글은 마른 벼나 마른나무처럼 죽은 게 아니다. 옛 임금의 도와 가르침에서 출발해야 현재 맞닥뜨리고 있는 현실을 이해하고 나은 미래로 나아간다고 보았다. 천하가 바르게 유지되는 근거가

　　　　　　　　　　　　　　　　　　　　　　　그림으로 읽는 장자

옛 성현의 가르침에 있고, 글로 전해지는 가르침을 오늘날 그대로 살려낼 수 있다는 것이다. 공자와 마찬가지로 말이나 글이 그들의 생각을 정확히 되살릴 수 있다는 믿음이 전제되어 있기에 가능한 발상이다.

글은 옛사람의 찌꺼기

장자는 왜 말로 표현하는 생각은 일정하지 않다고 했을까?『장자』외편에 나오는 제환공과 윤편의 대화는 장자의 문제의식을 이해하는 데 도움을 준다. 제환공이 대청 위에서 책을 읽고 있을 때 윤편은 그 아래에서 수레바퀴를 깎고 있었다. 옛 성현의 책에 몰두하는 모습을 보고 윤편이 왜 옛사람의 찌꺼기를 읽느냐고 물었다. 제환공이 "수레바퀴나 깎는 놈이 무슨 참견인가! 제대로 변명하지 못하면 죽이리라."면서 벌컥 화를 내자 윤편이 답했다.

수레바퀴를 깎을 때 지나치면 헐렁해서 꼭 끼이지 못하고 모자라면 빡빡해서 들어가지 않습니다. 지나침과 모자람이 없게 만드는 것은 오직 손이나 마음의 일이어서, 입으로는 표현할 수가 없습니다. 그 익숙한 기술을 가르칠 수 없고 제 자식도 배울 수 없어서 70세가 되도록 수레바퀴를 깎고 있습니다. 옛 성인도 마찬가지로 깨달은 바를 전하지 못하고 죽었을 것입니다. 그러니 임금께서 읽으시는 책도 옛사람의 찌꺼기일 뿐입니다.(「천도天道」)

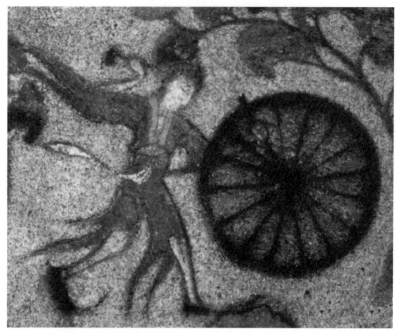

고구려 벽화 〈제륜신도〉 부분, 7세기

　중국 길림성의 고구려 고분인 오회분 4호묘 벽화 중에는 신기하게도 〈제륜신도製輪神圖〉라는 그림이 있다. 말 그대로 수레바퀴를 만드는 신이다. 여러 개의 살이 달린 둥근 수레바퀴가 보인다. 오른손에 망치를 들고 막바지 작업에 한창이다. 해와 달의 신을 비롯하여 쟁쟁한 신들이 있는 벽화에, 수레바퀴의 신이 한 자리 차지하는 게 의아할 수 있다.

　당시 수레는 언어만큼이나 일상에 없어서는 안 될 중요한 수단이었다. 농사를 짓거나 물자를 나르는 일에 필수였기 때문이다. 사실 따지고 보면 현대사회에서도 자동차나 기차가 없다면 사람들의 이동은 물론이고 산업과 유통도 한순간에 멈춰버린다. 고대국가에서는 이를 관장하는 신을 별

　　　　　　　　　　　　　　　　　　　　그림으로 읽는 장자

도로 둘 정도로 생활에 더욱 밀접한 연관을 맺고 있었다. 그렇기 때문에 말과 글에 대해 논할 때 수레바퀴는 아주 적합한 비유였으리라. 공자를 비롯한 선비들이 말의 전문가라면, 윤편은 수레바퀴 전문가다.

윤편이 보기에 책에 담긴 옛 성인의 말은 '옛사람의 찌꺼기'일 뿐이다. 수레바퀴를 깎는 요령조차 자식에게 말로는 표현할 수가 없다. 더도 덜도 아니게 안성맞춤으로 깎는 일은 오직 오랜 작업 경험 속에서 터득한, 손에 익숙한 감각과 이를 기억하는 마음 덕택에 가능하다. 인간이 지닌 모든 기술이 그러하다. 직접 손으로 작업하는 일조차 가장 가까운 자식에게 말로 전수할 수 없는데, 하물며 성인의 말씀은 어떻겠냐는 것이다.

말은 글에 비해 친절한 편이다. 직접 마주보며 설명할 수 있다. 궁금하거나 이해가지 않는 내용에 대해 질문하고 답할 수도 있다. 이에 비해 글은 상당히 불친절하다. 읽는 사람에게 일방적으로 전달된다. 말로 터득한 기술을 전할 수 없다면 글은 더욱 곤란하다. 특히 옛 성인의 글은 수레바퀴 깎는 일보다 훨씬 추상의 정도가 높은 내용이어서 전달할 수가 없다. 전달은 둘째치고 애초에 옛 성인은 자기 생각을 글로 정확히 담지 못한다. 남에게 말로 전달할 수 없는 내용을 더 제한적인 수단인 글로 정리할 수 없는 노릇이기 때문이다.

이와 관련하여 노자는 『도덕경』에서 "도라고 할 수 있는 도는 영원한 도가 아니다. 이름 지을 수 있는 이름은 영원한 이름이 아니다."라고 한다. '도라고 할 수 있는 도'는 언어를 통해 정의한 도다. '영원한 도'는 언어로 표현되기 이전의 진정한 도다. 말이나 글로 설명하는 도는 진정한 도와는 거리가 멀다. 뒤의 내용도 마찬가지다. 어떤 사물이나 현상을 언어로 설명한 내용은 그 사물이나 현상의 본질을 제대로 반영할 수 없다.

장자도 비슷한 문제의식을 지닌다. "무릇 위대한 도는 이름을 붙일 수 없고, 위대한 변론은 말로써 나타내지 못한다. (…) 도가 밝게 드러나면 도가 아니며, 말로 변론하면 도에 미치지 못한다."(「제물론」) 도든 이론이든 윤편의 주장처럼 언어를 통해 제대로 정리하거나 전달할 수 없다. 생각을 전달하는 언어가 참으로 한정적이기 때문이다. 그러므로 유가에서 글로 전해지거나 말로 설명하는 인의나 청렴, 용기라는 덕목은 진정한 의미가 제대로 드러나지 못한다.

말로 분별하는 것은 무의미하다

언어의 문제는 생각의 전달에 그치지 않는다. 언어로 진실과 거짓, 옳고 그름을 가릴 수 있는가도 중요한 문제다. 다음 대화가 좋은 참고가 된다. 설결이 "사물을 다 같이 그러하다고 여기는 근거를 아십니까?"라고 묻자, 왕예가 "어찌 알겠느냐!"라고 답한다. "알지 못하고 있다는 것을 알고 계십니까?"라는 물음에도 "어찌 알겠느냐!"라고 한다. 설결이 답답해하며 "만물은 알 수 없는 것입니까?"라고 재차 캐묻자 다음 내용이 이어진다.

사람은 소, 양, 개, 돼지를 먹고, 고라니와 사슴은 풀을 먹고, 지네는 뱀을 먹고, 솔개와 까마귀는 쥐를 먹는다. 누가 올바른 맛을 아는가? (…) 모장이나 여희를 미인이라 하지만 그녀를 보면 물고기는 물속 깊이 들어

가고, 새는 높이 날아가고, 고라니와 사슴은 후다닥 달아난다. 누가 천하의 아름다움을 아는가? 인의의 분별이나 시비의 갈림길은 어수선하게 뒤섞여 어지러우니 어찌 그 분별을 알 수 있겠는가?(「제물론」)

설결의 의문은 "만물은 알 수 없는 것입니까?"에 압축되어 있다. 언뜻 보기에 왕예의 대답은 모호하다. 아는 것과 알지 못하는 것에 대해 둘 다 "어찌 알겠느냐!"라고 답한다. 안다고 하는 것을 안다고 할 수 없고, 반대로 모른다고 하는 것을 모른다고만 할 수 없다는 식이다. 우리의 상식은 아는 것은 아는 것, 모르는 것은 모르는 것이라고 해야 분명한데, 장자는 이를 틀어버린다. 뒤로 가면 분별의 내용이 좀 더 자세하게 나온다. "인의의 분별이나 시비의 갈림길"이라는 언급으로 봐서 유가에 대한 비판임을 알 수 있다.

공자는 『논어』에서 아는 것과 모르는 것을 정확히 구별한다. "아는 것을 안다고 하고 모르는 것을 모른다고 하라. 이것이 참으로 아는 것이다." 사람들은 자기가 잘 모르는 것조차 안다고 여기거나 얘기하는 경우가 많다. 공자는 이를 경계한다. 무엇을 모르는지를 분명히 해야 알 수 있는 길이 열리고, 더 많은 앎을 이룰 수 있다는 뜻이다. 또한 인의를 명확히 분별할 수 있다. "군자는 밥 먹는 동안에도 인을 어기지 말고, 다급하거나 넘어지는 순간에도 인을 지켜야 한다."(「이인」) 인이 모든 가치와 태도의 근본이기에 무엇이 인에 해당하는지를 언제나 알고 있어야 한다는 것이다.

묵자도 『묵자』에서 인의의 분별과 언어의 역할을 강조한다. "인의의 근본을 살펴 하늘의 뜻을 따라야 한다."(「천지天志」) 또한 말이나 글로 옳고

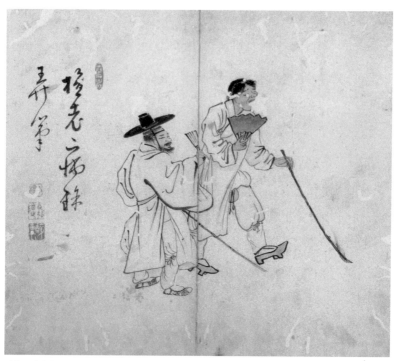

김홍도, 〈지팡이를 든 두 맹인〉, 18세기 후반

그림을 명확하게 분별할 수 있다고 보았다. "변론이란 옳고 그른 분별을 밝히고 (…) 같은 점과 다른 점을 분명히 하고, 명칭과 사실의 이치를 살피며, 이롭고 해로운 것에 대처하고 의심나는 일에 결단을 내리는 것이다."(「소취小取」) 명칭으로 사실을 드러내고, 말로 뜻을 서술하며, 논설로 이유를 밝힌다. 명칭, 말, 논설 등 언어를 통해 세상의 이치를 밝힐 수 있다고 보았다.

공자나 묵자가 보기에 옳고 그름의 차이는 눈을 뜨고 사물을 보는 사람과 맹인의 차이만큼이나 크다. 김홍도의 〈지팡이를 든 두 맹인〉에는 앞을 보지 못해 곤경에 처한 두 사람이 나온다. 길을 가다 서로 부딪힌 후의 상황일 수도 있다. 갓을 쓴 사람이 양반의 위세를 부리는 듯하다. 상대도 맹인임을 볼 수 없으니 똑바로 보고 다니라고 훈계를 늘어놓는 듯하고, 더벅머리 맹인은 무슨 소리인가 하는 표정이다.

눈으로 사방을 보며 걷는 상황과 보이지 않아 더듬거려야 하는 상황은 확연하게 다르다. 눈으로 살피면 사물의 모양이나 움직임, 색을 비롯한 상태도 구분된다. 하지만 시각을 잃으면 장애물을 피하는 것조차 어렵고 작은 변화에도 적응하기 힘들다. 공자와 묵자에게 인의나 옳음은 눈으로 직접 사물을 보듯 명확해서 얼마든지 밝혀낼 수 있다.

하지만 장자의 생각은 전혀 다르다. 논란이 되는 수많은 주제에서 앞을 보는 사람과 보지 못하는 사람의 차이가 뚜렷하지 않다. 판단을 필요로 하는 수많은 주제는 단순히 사물이 앞에 있는지, 어떤 모양인지를 구별하는 문제와는 성격이 전혀 다르다. 어떤 면에서는 정도의 차이만 있을 뿐 우리는 모두 맹인이나 다를 바 없다.

아주 간단한 주제조차 명확하게 구분하고 결론을 내는 게 어렵다. 시각처럼 직접적인 감각의 하나인 미각만 해도 그러하다. 동물과 사람 사이의 미각 차이는 물론이고, 사람 사이에도 무엇이 진정한 맛인지에 대해 하나로 모을 수 없다. 예를 들어, 흔히 '어두육미'라는 말을 상식처럼 한다. 생선은 머리가 맛있고 고기는 꼬리가 맛있다는 말인데, 취향에 따라 얼마든지 다를 수 있다. 지역이나 문화, 혹은 개인의 성장 과정에 따라 서로 다르다.

조금 더 추상적인 주제인 아름다움도 마찬가지다. 인간이 지극히 아름답다고 여기는 여인이라 해도 동물의 기준으로 볼 때는 괴상하고 혐오스러운 모습일 뿐이다. 서로 입장과 처지가 다르기 때문에 바른 맛, 진정한 아름다움은 규정할 수 없다. 맛이나 아름다움조차 절대적 규정이 곤란한데, 어떻게 훨씬 어렵고 복잡한 주제에 대해 분별할 수 있느냐는 것이다.

게다가 말과 글은 생각 모두를 드러내는 게 아니다. 음식을 먹고 맛을 말로 표현해보라 하면 뚜렷하게 떠오르지 않는 경우가 많다. 또한 나름대로 멋진 경치를 보고 글로 옮기라고 하면 어휘의 부족을 절감한다. 말이나 글은 인간의 느낌이나 생각을 다 담아내기에는 부족함이 많다. 언어는 제한된 표현 안에서 부분적으로만 뜻을 전달하는 운명에 갇혀 있다. 사정이 이러한데 어떻게 언어를 이용해 인의나 옳고 그름을 분별할 수 있느냐는 비판이다.

나아가 언어를 통해 인간의 판단과 행위를 온갖 덕목으로 구분하는 경향도 문제다. 장자는 도의 견지에서 보면 모든 게 다 하나인데, 유가가 이를 여러 덕목으로 조각조각 나누고, 좋은 것과 나쁜 것의 딱지를 갖다 붙인다고 한다.

> 도에는 본래 한계가 없다. 말에는 본래 법도가 없다. 그 때문에 말에는 구별이 생긴다. 말에는 왼편이 있고 오른편이 있으며, 이론이 있고 설명이 있으며, 분석이 있고 분별이 있으며, 대립이 있고 다툼이 있다. 이것을 '여덟 가지 덕'이라고 한다.(「제물론」)

유가에서 중시하는 여덟 가지 덕은 인 · 의 · 예 · 지와 충 · 신 · 효 · 제

그림으로 읽는 장자

다. 장자에 의하면 가장 기본 덕목이라고 여기는 '인의'조차 무엇이 여기에 해당되는지 여부를 분별하기 어렵다. 하물며 여덟 가지나 되는 덕목이라면 더 말할 나위가 없다. 그런데 이 여덟 가지는 인간에게 본래 그러한 상태가 있는 게 아니다. 언어를 통해 인위적으로 만들어진 개념일 뿐이다. 본래 도의 견지에서 보면 하나이기에 수많은 덕목으로의 분리는 도에서 멀어지는 과정이다.

유가와 묵가에서 중시하는 옛 성현의 말은 인간을 도에서 멀어지게 하고 오히려 재앙을 가져다주었다. 추종하는 요임금과 순임금이 모두 그러하다. "요임금이 의이자에게 인의라는 문신을 몸에 새기는 형벌을 가하고, 옳고 그름이라는 코 베는 형벌을 가한 셈이다."(「대종사」) 순임금도 마찬가지다. "순임금이 인의를 내걸고서 천하의 인심을 어지럽힌 이래로, 모두가 목숨을 걸고 인의 편으로 달려간다."(「변무」) 인의로 인해 사람들은 자연스러운 본성을 잃었다. 선비는 명예, 대부는 국가, 성인은 천하를 명분으로 좇으면서 자기 본성을 희생하고, 타인을 차별하고 억압했다는 것이다.

이 세상에 언제 어디에서나 적용될 수 있는 기준으로서의 옳고 그름은 없다. 절대적·보편적 진리가 존재하지 않고, 이를 구하는 발상 자체가 잘못이다. 인과 불인, 의와 불의, 효와 불효라는 구분은 그만큼 세상이 차별과 억압으로 어지러워진 상태를 반영한다. 특히 언어라는 수단을 통해 이를 구별하려는 시도는 언어가 갖는 자의적 측면과 불안정한 특성 때문에 설득력을 얻지 못한다.

장자의 문제의식을 '아무런 공부를 하지 않는 것'으로 이해하는 것은 좁은 소견이다. 장자의 처음 논의로 돌아가서 보자. 옳고 그름을 논하려면

"밝은 지혜로써 해야만 한다." 만약 아무런 공부가 없다면 오히려 잘못된 사고방식에 휘둘린다. 옳고 그름을 분별하는 사고방식을 넘어서려면 밝은 지혜가 필요하다. 즉, 스스로 깨닫는 게 중요함을 강조한 내용으로 봐야 한다.

우리들이 공부에 대해 갖는 태도를 뒤돌아보게 한다. 누군가 만들어놓은 내용을 효과적으로 흡수하는 과정을 공부로 여기는 경우가 많다. 옛 성현을 통해 형성된 가치판단을 받아들이고, 여러 분야의 지식·정보의 축적을 공부라고 생각한다. 하지만 장자에 의하면 언어를 통해 개념이나 가치를 습득하고, 정보를 축적하는 일은 진정한 의미의 지혜가 아니다. 스스로 이치를 깨닫고 닦아야만, 옳고 그름이라는 절대적 분별을 넘어서야만 찌꺼기가 아니라 살아 있는 지혜를 얻을 수 있다.

이것과 저것은
정말 다른가?

이것은 이것이고, 저것은 저것인가?

명나라 화가 장로의 〈상산사호도商山四皓圖〉는 한가하게 바둑을 두는 네 노인을 그렸다. 상산사호는 진나라 말에 세상을 피하여 상산에 숨어 살던 네 노인이다. 바둑은 세상이 움직이고 사람이 살아가는 이치가 담겨 있다 하여 성인이나 선비가 즐겼다. 왼쪽에 앉은 노인과 바로 맞은편에 앉은 노인이 대국 당사자다. 대마의 생사가 걸린 결정적인 장면인지 깊은 고민에 빠진 표정이다. 양옆의 두 노인도 어려운 국면을 타개할 묘수를 찾는지 바둑판을 뚫어져라 바라보며 고심한다.

바둑은 서로 한 수씩 두어 더 많은 집을 차지한 사람이 이기는 게임이다. 수많은 경우의 수 속에서 매번 최대한 자기 집을 넓히고 상대 집을 줄일 수 있는 가장 좋은 수를 찾는다. 오랜 기간 바둑 고수들의 경험과 모색을 통해 최소한의 돌로 최대한의 효과를 내기 위한 기본 정석을 만들고,

장로, 〈상산사호도〉, 16세기 초반

묘수와 악수를 구분한다.

하지만 좋은 수와 나쁜 수의 구분이 절대적이지 않은 경우가 많다. 악수가 묘수가 되기도 한다. 전 세계를 들썩인 이세돌과 알파고의 바둑에도 비슷한 장면이 있다. 인공지능을 이긴 마지막 경기로 평가받는 대국이다. 이세돌이 불리한 상황에서 상대의 튼튼한 두 돌 사이에 끼워 넣은 게 '신의 한 수'가 되었다. 보통 상대의 튼튼한 돌 사이에 끼우면 악수로 통한다. 하지만 이 생각지 못한 악수가 묘수가 되어 안정적이던 알파고를 흔들어버렸다.

또한 바둑에서 '빈삼각'은 악수의 대명사로 꼽힌다. 돌 3개가 직각으로 연달아 이어진 모양이다. 효과적으로 돌을 사용해야 하는데, 한곳에 세 수를 몰아넣었으니 불리하다는 판단이다. "빈삼각을 두지 마라."라는 대표적인 바둑 격언이 있을 정도다. 하지만 고수들의 대국 중에는 빈삼각으로 효과를 내 승리하는 경우가 종종 있다. 요즘에는 오랜 기간 불리하다고 전해온 돌의 전개를 정석으로 삼는 경우도 꽤 있다. 묘수와 악수의 경계가 허물어지는 순간이다. 이것과 저것을 확실하게 구분하던 사고방식이 흔들린다.

하지만 현실에서는 이것과 저것을 구분하는 사고가 습관처럼 굳어져 있다. 사물의 현상을 놓고 큼과 작음, 높음과 낮음, 밝음과 어두움, 움직임과 정지, 아름다움과 추함 등을 구분한다. 사람의 판단과 행위에도 적용된다. 선과 악, 귀함과 천함, 정상과 비정상, 쾌락과 고통, 이익과 손해, 효율과 비효율 등 이루 헤아릴 수 없다. 상반된 성격을 갖는 대조 쌍을 만들고, 한쪽에 긍정적 가치를 부여하고, 다른 쪽에 부정적 딱지를 붙인다.

만약 둘의 구분이 분명하지 않으면 문제 있는 사람 취급을 받는다. 나아가 이것과 저것의 경계를 구분하지 않으려는 사람이면 더 큰 지적을 받는다. 보통 '물에 술 탄 듯, 술에 물 탄 듯'이라는 쓴소리를 듣는다. 사람을 평가할 때 상당히 부정적으로 작용한다. 판단력이 부족하다거나 결단력이 없다고 판정을 내린다.

장자는 그동안 당연하게 여겨져 오던 우리의 상식을 단번에 뒤집어버린다. 이것은 저것이고, 저것은 이것이라고 한다. 오히려 세상이 만들어놓은 이것과 저것의 분별을 적극적으로 넘어서라고 주문한다.

모두 저것 아닌 것이 없고, 이것 아닌 것이 없다. 상대방이 보면 저것이 되는 줄 모르고, 자기에 대한 것만 알 뿐이다. 저것은 이것에서 나오고, 이것은 저것에서 생긴다. (…) 삶이 있기에 죽음이 있고, 죽음이 있기에 삶이 있다. 됨이 있기에 안 됨이 있고, 안 됨이 있기에 됨이 있다. 옳음이 있기에 그름이 있고, 그름이 있기에 옳음이 있다. (…) 이것은 동시에 저 것이고, 저것은 동시에 이것이다. (…) 저것과 이것이 상대적 대립관계를 넘어 없어지는 경지가 도추道樞다. 추이기에 회전의 중심에서 무한한 변 화에 대응한다. 옳음도 그름도 무한한 변화의 하나다.(「제물론」)

'이것' 혹은 '저것'은 다양하게 적용된다. 현상의 외형과 변화에 대한 판 단만이 아니라 윤리적 판단에 이르기까지 대부분의 영역을 포함한다. 그 동안의 상식으로는 반드시 구분해야만 하는 대상이다. 아름다움과 추함을 구별하지 못하면 미적인 능력이 부족하고, 옳고 그름을 뒤섞으면 윤리적 분별력이 부족하다고 평가된다. 하늘과 땅, 낮과 밤이 뒤섞일 수 없듯이 혼동의 여지가 없다고 배운다.

장자는 왜 지극히 당연해 보이는 생각을 뒤흔들까? 심지어 이것과 저것 이라는 말이 수시로 뒤섞여 언뜻 말장난 같기도 한 내용을 왜 도와 연결 시킬까? 워낙 압축적인 방식으로 설명하고 있어서 장자의 논리에 익숙하 지 않은 사람들을 당황스럽게 한다.

우리의 상식은 유가와 묵가의 관점에 훨씬 가깝다. 묵자는 논리적으로 분별 문제에 접근한다. 『묵자』의 「경편」에서 개념과 범주를 대조 쌍으로 나누는 논리적 근거를 제시한다. "들어 올리는 것과 내려놓는 것이 정반대인 이유는 가해지는 힘 때문"이라거나 "비뚤게 되면 바로잡을 수 없는 이유는 삐딱하기 때문"이라고 한다. 위와 아래, 상승과 하락은 원래 혼동될 수 없도록 엄격하게 분리된 영역이다. 곧음과 굽음도 근본적으로 상반된 관계다. 만약 대조되는 개념을 뒤섞으면 논리적 사고가 불가능해진다.

공자는 『논어』의 곳곳에서 옳음과 그름, 선과 악, 아름다움과 추함 등을 엄격히 구분한다. "이단은 공부에 해가 될 따름"(「위정」)이라며 옳음이라 여기는 생각 이외에 대해 이단으로 규정한다. 또한 "『시경』삼백 편은 한 마디로 생각에 사악함이 없는 것"이라는 주장처럼 선과 악에 대한 구분도 명확하다.

아름다움에 대해서도 뚜렷하다. 순임금의 음악은 "아름다움을 다했고 또 훌륭함도 다했다."라고 보고, 무왕의 음악은 "아름다움은 다했으나 훌륭함은 다하지 못했다."(「팔일」)라고 한다. 이에 비해 "정나라 노래는 몰아내야 한다."(「위령공」)라고 했다. 아름다움과 추함은 상반된 상태이기에 하나는 추구하고, 다른 하나는 배척 대상이다. 연애시가 많은 정나라 노래는 아름다움과는 거리가 먼, 추하고 음탕한 음악일 뿐이다.

사람조차 높음과 낮음의 수준에 따라 분류한다. "중급 이상의 사람들에게는 상급의 것을 얘기할 수 있으나, 중급 이하의 사람들에게는 상급의 것을 얘기할 수 없다."(「옹야」) 대조되는 가치를 분별하는 능력에 따라 상·중·하로 구분한다. 심지어 "최상급의 지혜로운 사람과 최하급의 어리석은 사람만은 바뀌지 않는다."(「양화」)라고 하듯이 어느 정도 이상의 차이가 나버리면 고정된 상태에 머문다.

맹자도 비슷한 관점을 보인다. 『맹자』에서 아름다움의 구분은 절대적일 뿐만 아니라 인간의 자연스러운 마음이다. "눈이 아름다운 색깔을 좋아하는 것, 귀가 아름다운 소리를 좋아하는 것은 (…) 본성이다."(「진심盡心」) 색이든 소리든 아름다움과 추함은 혼동될 수 없다. 이를 구별하여 취하거나 버리는 것은 인간의 타고난 본성에 해당한다.

윤리적인 구분도 절대적이다. "옳고 그름을 가리는 마음이 없다면 사람이 아니다."(「공손추公孫丑」) 선과 악도 절대적 기준으로 작용한다. "그림쇠와 굽은 자는 동그라미와 네모꼴을 만드는 기준이다. 성인은 사람들의 윤리 기준이다."(「이루」) 윤리에 해당하느냐 아니냐의 구분은 마치 기술자가 작업할 때 사용하는 도구처럼 고정된 기준에 따른다.

상대론과 연관성을 통한 장자 이해

장자가 보기에 유가의 사고방식은 "상대방이 보면 저것이 되는 줄 모르고, 자기에 대한 것만 알 뿐"이기에 잘못이다. 상대론적 관점을 통한 비판이다. 유가는 상대방이나 다른 사람의 관점에서 보면 정반대의 가치판단이 가능하다는 점을 놓치거나 무시하고 있다.

조선시대 『오륜행실도』의 일부인 〈자강복총自强伏塚〉에 적용해 설명하는 게 의미 있을 듯하다. 정조의 명에 의해 편찬된 책이다. 정조는 서문에서 "표준으로 삼아 향음례鄕飮禮(옛날, 온 고을의 유생이 모여 향약을 읽고 술을 마시며 잔치하던 일-편집자 주)를 강조하고 행하게 하고자" 이 책을 간행한다고 밝히고 있다. 유가에서 강조하는 윤리 덕목을 가득 담았다. 이 그림은

目強伏塚 朝本

「오륜행실도」, 〈자강복총〉, 1797년

특히 효를 강조하는 내용이다. 당시 도화서 화원이었던 김홍도와 김득신 등이 그림 작업에 참여했을 것으로 추측된다.

그림을 보면 갓을 쓰고 도포를 걸친 선비들이 초가집을 불태우고 있다. 뒤편으로 정성스럽게 잘 정돈된 무덤과 비석이 보인다. 무덤 앞에서는 상복을 입은 사람이 땅에 엎드려 안타까워한다. 불타는 집 쪽을 바라보고 땅을 두드리며 통곡한다. 성주에 살던 김자강이라는 사람의 효행을 널리 알려 본받게 하고자 넣은 내용이다.

자강은 어려서 부친을 여의고 홀어머니 밑에서 자랐다. 나중에 모친이 세상을 떠나자 삼 년 동안 여막에 살면서 공자가 그토록 강조한 삼년상을 마쳤다. 그런데 어릴 때 돌아가신 아버지를 위해 삼 년을 무덤가에서 더 지내겠다며 눌러앉았다. 처와 그 가족이 만류해도 자강이 말을 듣지 않자 데리고 내려가려고 여막에 불을 질렀다. 하지만 자강은 통탄하며 무덤 앞에서 사흘 동안 일어나지 않았다. 어쩔 수 없이 다시 여막을 지어 그의 뜻대로 다시 삼년상을 마치도록 했다는 이야기다.

나라와 유가 선비들은 그를 깊은 효심의 표본으로 여겼다. 자강의 입장에서 보면 부모에 대한 효도를 실천해 인간의 도리를 다한 것으로 여길 수 있다. 하지만 장자에 의하면 자기만 아는 사람, 오직 '이것'만을 아는 사람이다. 상대나 다른 사람의 입장에서 보면 정반대로 인간의 도리를 버린 행위다.

부인의 입장에서 생각해보자. 집의 크고 작은 일을 책임져야 할 남편이 삼 년이나 자기 일을 내팽개친 것으로 볼 수 있다. 그동안 경제적 고통을 비롯한 여러 어려움을 겪었으리라. 상대의 입장에서는 분통이 터질 일이다. 어린 자식들은 어떠한가? 제대로 보호받지 못한 채 오랜 세월을 아비 없는 자식으로 보내야 했다. 또한 부인의 부모에게는 큰 근심을 안겨 심각한 불효를 저지르게 하는 짓이다. 처와 그 가족이 여막에 불을 질러서라도 데려가려 했던 행위에서 그 심정을 얼마든지 추측할 수 있다. 다른 사람의 입장에서는 인간의 기본 도리를 어긴 천하의 몹쓸 사람일 수 있다.

이렇게 상대론의 관점에서 보면 이것과 저것의 분리가 허물어진다. 『장자』 외편의 다음 내용도 이와 직접 관련된다.

도의 입장에서 귀함과 천함이 없다. 사물의 입장에서 자신은 귀하고 남은 천한 것이다. (…) 상대적 관점에서 만물에 크지 않은 것이 없으며, 작지 않은 것이 없다. 「추수」

귀하고 천하다는 구별은 자신의 관점에서만 성립한다. 상대방이나 다른 사람의 관점에서, 혹은 귀천의 기준을 달리할 때 완전히 상반된 결론에 도달한다. 이를 큼과 작음의 비유를 통해 설명한다. 상대적 관점에서 보자면 큼이나 작음은 보편적 의미를 갖지 못한다. 크다고 생각하는 사물도 더 큰 사물의 관점에서 보자면 매우 작다. 작음에 대해서도 마찬가지다. 좀 더 구체적인 이해를 위해 몇 가지 예를 들어보자.

우리는 서울의 한강을 보면서 참으로 크다고 생각한다. 확실히 다른 지역의 강이나 하천에 비해 상당히 크다. 하지만 황하나 나일강, 나아가 바다에 비해서는 어떠한가? 아무리 큰 강도 바다에 비교하면 작은 물줄기에 불과하다. 드넓은 바다조차 지구의 일부분이고, 전체 태양계에 비추어보면 매우 사소한 규모다. 또 전체 우주의 시야에서 보면 태양계조차 먼지처럼 작게 느껴진다. 그만큼 크고 작음은 상대적인 문제다.

서로 다른 사람의 관점만이 아니라, 같은 사람에게도 시기와 상황에 따라 상대적이다. 예를 들어, 어릴 때 살던 동네에 대한 기억은 크고 넓었지만, 어른이 되어 찾아가면 작은 골목으로 느껴진다. 상황 변화로도 크기는 다른 느낌으로 다가온다. 가난한 사람에게 거액의 돈이 생기면 별 불편 없이 살던 집이 갑자기 너무 작게 느껴진다. 마찬가지로 기쁨과 슬픔, 따뜻함과 차가움 등의 대조적인 느낌도 상황에 따라 동일한 대상에 대해 상반된 반응으로 나타난다. 동일한 노래도 자기의 감정에 따라 전혀 다르게 다가온다.

이것과 저것에 대한 장자의 생각은 여기에 머물지 않는다. 맨 앞의 글을 다시 보면 상대론에 이어 다른 차원에서 문제를 제기한다. "삶이 있기에 죽음이 있고, 죽음이 있기에 삶이 있다. 됨이 있기에 안 됨이 있고, 안 됨이 있기에 됨이 있다. 옳음이 있기에 그름이 있고, 그름이 있기에 옳음이 있다." 대조 쌍을 이루는 두 가지가 서로 없어서는 안 되는 관계다. 하나가 없으면 다른 하나가 성립하지 않는다. 자신만으로는 개념이 논리적으로 성립하지 않고 현실적 상태도 존재할 수 없다.

삶과 죽음의 관계를 보자. 만약 죽음이라는 상태나 개념이 없다면 삶도 독자적 의미를 지니지 못한다. 당장 개념의 측면으로만 봐도 그러하다. '죽다'라는 말이 없이 '살다'라는 말은 생겨나지 않는다. 낮과 밤의 관계와 다르지 않다. 만약 이 세상에 밤이라는 현상이 없었다면 낮이라는 발상이나 이를 표현하는 개념이 생겨났을 리 만무하다.

그림으로 읽는 장자

동일한 논리에서 안 됨이 있기에 됨이 성립한다. 그 연장선상에 옳음과 그름이 있다. 어느 하나가 독립적 의미를 지닐 수 없고 동전의 양면처럼 서로를 의지함으로써 비로소 가능해진다. 즉 이 세상의 모든 상태나 관념은 고립이 아닌 상호 연관 속에서 정립된다. 만물은 연관 관계 속에서만 존재한다.

옳음과 그름을 절대적으로 구분하는 유가의 관점이 논리적으로 불가능해진다. 나아가 그름을 버리고 오직 옳음만을 추구한다는 발상 자체가 논리적으로나 현실적으로 설득력을 지니지 못한다. 윤리적인 선과 악의 문제도 그러하다. 지극한 선, 오직 선으로만 이루어진 행위란 애초에 존재하지 않는다. 절대적 윤리관이 인정될 수 없는 이유이기도 하다.

만물의 변화와 통일을 통한 장자 이해

장자의 문제의식은 상대론과 연관성에 그치지 않는다. 맨 앞의 글에서 "이것은 동시에 저것이고, 저것은 동시에 이것"이라는 내용은 인식의 지평을 더 확장하는 방향으로 나아간다. 이 주제와 관련하여 장자 문제의식의 백미다. 이번에는 이것이 '동시에' 저것이다. 옳고 그름도 '동시에' 있다.

상대론과 연관성 관점에서는 이것이 저것일 수는 있지만, 아직은 이것과 저것의 구분이 없어지지는 않았다. 하지만 이번에는 이것과 저것의 구분 자체가 의미 없다. 어떻게 구분 자체가 없어질 수 있을까? "옳음도 그름도 무한한 변화의 하나"라는 말이 안내자 역할을 한다. 만물은 연관을 맺을 뿐만 아니라 서로 변화함으로써 대립을 넘어 서로를 향해 다가선다. 그래서 『장자』 외편에서 다음과 같이 말한다.

시간은 멈추지 않고 흐르고, 각자의 분수는 일정하지 않고 변하며, 일이란 처음부터 끝까지 그대로인 것은 없다. (…) 그러므로 지혜를 지닌 사람은 작은 것이라도 무시하지 않고 큰 것이라도 대단하게 보지 않는다.(「추수」)

조선 화가 김득신金得臣의 〈강변회음도江邊會飮圖〉를 통해 장자의 생각을 좀 더 풍부하게 음미해보자. 사람들이 여름날의 더위를 식혀주는 나무 그늘 아래 모여 한가로운 시간을 보내는 중이다. 뒤로 긴 낚싯대가 보이는 것으로 봐서 조금 전까지 강에서 배를 타고 낚시에 열중했으리라. 지금은 잡은 물고기를 반찬과 안주 삼아 느긋하게 식사를 하고 술도 한잔 걸쭉하게 마시고 있다. 아이들은 이미 배를 든든하게 채웠는지 신이 난 표정으로 놀고 있다.

강변 마을의 반복처럼 보이는 일상의 한 장면이다. 흔히 자연이든 사람이든 좀처럼 변하지 않는다고 생각한다. 반복이라는 시각에서 본다. 눈앞의 강물이 어제의 강물이라고 생각한다. 뒤편의 버드나무도 작년의 그 나무라고 여긴다. 가을이 되어 잎이 지고 겨울에 앙상한 가지로 남지만 봄이 되면 원래대로 돌아온다고 여긴다. 하늘 위를 나는 물새도 겨울이 되면 떠나지만, 날이 따뜻해지면 다시 돌아오기에 동일한 반복으로 본다. 자신들의 삶도 어제와 같은 오늘, 오늘과 같은 내일이 이어진다고 생각한다.

하지만 엄밀하게 보면 자연이든 사람이든 항상 변화의 한가운데 있다.

김득신, 〈강변회음도〉, 18세기 후반

옆의 강물은 이미 어제의 강물이 아니다. 끊임없이 흘러 지금 이 순간에도 새로운 물로 거듭난다. 같은 강물에 두 번 발을 담글 수 없다는 말이 과장이 아니다. 반복처럼 보이는 나무의 이파리도 작년의 그 이파리가 아니다. 철새도 작년의 그 새가 더 자랐거나 아니면 새롭게 태어난 새끼들이다. 사람도 아이들은 매일 자라고, 어른들은 하루하루 늙어간다. 매일의 상황 변화에 따라 개인의 감정이나 생각이 어제와 달라진다.

장자가 보기에 만물은 변화 가운데 있기에 작은 것은 곧바로 큰 것이기도 하다. 만약 머물러 있기만 하다면 작은 것은 영원히 작은 것으로 남는다. 항상 변화의 와중에 있기 때문에 작은 것은 '동시에' 큰 것이 된다. 변화를 통해 상호 대립을 넘어 '동시에'라는 통일적 지평으로 나아간다. 이를 설명하기 위해 장자는 '도추道樞'라는 개념을 이끌어낸다. 추는 사물의 운동에서 중심을 잡아주는 일종의 축이다. 바깥으로 드러나는 각 현상은 다르게 보이고, 서로 충돌하기도 하지만 그 중심점에는 추가 통일적으로 작용한다. 변화의 중심 원리인 도가 추 역할을 하기에 도추라 한다.

말이 어려워 여전히 이해가 쉽지 않으니 예를 통해 다가서자. 이 세상은 원자를 기본 단위로 하여 이루어져 있다. 원자는 눈으로 식별할 수 없을 정도로 한없이 작다. 하지만 원자는 고정되어 있지 않다. 서로 다른 원자와 원자가 결합되고 충돌하면서 변화를 일으켜 보다 큰 사물을 구성한다. 이렇게 하여 우리가 크다고 여기는 사물이 만들어진다. 그러한 의미에서 원자에 곧 세계가 있다. 변화를 통해 가장 작은 것이 동시에 가장 큰 것과 이어진다. 원자와 세상은 상호 변화와 대립을 통해 통일되어 있다.

오늘날 정보화사회를 이끄는 극소전자기술을 생각해봐도 그러하다. 작은 메모리칩 하나에 전 세계에서 가장 크다는 도서관의 방대한 정보를 전부 담을 수 있다. 우리는 이를 크다고 할 것인가, 작다고 할 것인가? 작으면서 '동시에' 크다고 해야 비로소 설명이 가능하다. 이 역시 작은 것이 큰 것으로 변화하고, 큰 것이 작은 것으로 변화하는, 변화를 통해 서로에게 다가서는 과정이 만들어낸 원리다. 변화 안에서 큰 것과 작은 것이 통일되어 있다.

변화를 통한 통일의 원리가 장자의 다음 주장처럼 다른 것에도 적용된다. "생성은 다른 면에서는 파괴가 된다. 만물에는 생성과 파괴가 따로 없으며 다시 도를 통하여 하나가 된다."(「제물론」) 우리가 평소에 '창조적 파괴'라는 말을 습관처럼 사용하고, 경제나 사회 분야에서 관련된 현상을 경험해왔기에 이해가 어렵지 않다. 창조와 파괴가 상반된 관계로만 머물지 않고 파괴를 통해 새로운 창조에 이른다. 파괴와 창조가 하나가 된다.

장자가 도추를 설명하면서 "상대적 대립관계를 넘어 없어지는 경지"라고 언급한 내용을 고정이나 고착으로 이해하면 곤란하다. 만물은 항상 변화 안에 있다는 것이 장자의 기본 전제이니 말이다. 이것이 '동시에' 저것이라는 점에서 모이는 것은 동시에 흩어지는 것이고, 통일은 동시에 분열이라고 이해할 때 장자의 역동적 사고에 비로소 도달한다. 장자는 고정된 상태에 머물지 않고 불안정한 경계에 자신을 둔다. 경계에서 통일을 찾는다.

대부분의 장자 해석이 그러하듯이, 장자가 주장하는 대립을 넘어선 경지를 영원한 조화나 안정으로 이해한다면 변화와 통일에 대한 경직된 틀에 갇힌다. 역동성을 걷어내고 장자를 변화의 '흔적'만을 지니는 통일, 생동하는 숨결을 제거한 '죽은' 도에 가두어버린다. 맨 앞의 글에서 장자가 거듭 '무한한 변화'를 강조했음을 잊지 말아야 한다. 옳음도 '동시에' 그름이라는 점에서, 이를 대립적 분별로만 보는 유가의 관점은 분명 극복해야 한다. 하지만 통일적으로 이해한다 해도 대립의 '계기'는 완전히 사라지지 않고 내재한다. 그 안에서 변화와 통일의 역동적 의미, 살아 있는 도와 만나야 한다.

신라의 고승인 의상 대사의 〈법성게法性偈〉에서 장자와 비슷한 문제의식을 적지 않게 발견할 수 있다. 〈법성게〉는 그가 중국에서 『화엄경』을 공부한 후 핵심 내용을 210자로 집약한 글이다. 그 가운데 다음의 일부 내용이 장자와 관련하여 눈길을 끈다.

하나에 일체가 있고, 일체에 하나가 있다. 하나가 곧 여럿이고 여럿이 곧 하나다. (…) 한 개의 티끌 속에 온 우주를 머금고 있다. (…) 한없이 긴 시간이 곧 찰나고, 찰나의 한 생각이 곧 영겁이다.

한 알의 모래 속에 세계가 있다. 모래를 있게 하는 원리가 곧 우주를 만들어낸 원리이기도 하다. 모래보다도 작은 원자가 온갖 사물의 근거이듯이 말이다. 그러한 의미에서 한 알의 모래는 동시에 세계다. 지극히 작아 보이는 손바닥 안에서 크기를 가늠할 수 없는 무한에 이른다. 또한 시작과 끝을 헤아리기 이려운 긴 시간에서 동시에 찰나의 순간을 발견한다. 반대로 당장 보기에는 정지한 듯이 보이는 짧은 시간 안에 끝없는 영원이 있다.

한 알의 티끌 속에 우주가 있음을 통찰한다는 것이 어떠한 갈등도 사라진 절대적이고 무조건적인 긍정이나 평화에 도달한다는 뜻은 아니다. 하물며 이 세상으로부터 떨어져 자기만의 유유자적한 만족을 구하는 고립생활의 추구는 더욱 아니다. 오히려 한 알의 모래 속에서 세계를 보고, 한 알의 티끌 속에서 우주를 보는 통찰이 있기에 우리의 마음은 정지가 아니라 생동하는 기운으로, 우리의 몸은 방관이 아니라 실천으로 나아간다.

많은 사람에게 이것과 저것이 하나라는 장자의 글은 궤변처럼 보인다. 혹은 같은 내용을 쓸데없이 반복하는 안이한 서술처럼 보인다. 하지만 위의 분석에서 확인할 수 있듯이 날카롭고 치밀한 논리, 인식의 지평을 확장하면서 본질에 접근해나가는 체계적 논리를 갖추고 있다. 또한 세상에서 자신을 분리시키는 것이 아니라, 자신과 세상을 일치시키는 가운데 치열한 실천적 고민을 한다. 장자의 글에서 고요하고 은은함을 넘어서는 고뇌와 치열함, 초월 이면의 생동함과 역동성을 발견할 때 우리는 비로소 장자의 본모습에 접근할 수 있다.

왜 손가락은
손가락이 아닌가?

말장난 같은 이야기

어릴 적에 발음하기 어려운 문장으로 친구들과 장난을 쳤던 기억이 누구에게나 있을 것이다. 흔히 '잰말놀이'라고 부른다. 각 단어의 발음이 서로 비슷해 발음하기 어려운 문장을 빨리 읽거나 반복해서 읽는 놀이다. 언어유희의 일종으로 빠른 말 놀이라고도 한다.

대표적인 문장을 몇 개 꼽을 수 있다. "간장공장 공장장은 강공장장이고 된장공장 공장장은 장공장장이다." "저기 있는 말뚝이 말 맬 말뚝이냐, 말 못 맬 말뚝이냐?" "저기 저 뜀틀이 내가 뛸 뜀틀인가 내가 안 뛸 뜀틀인가?" "내가 그린 기린 그림은 잘 그린 기린 그림이고 네가 그린 기린 그림은 잘 못 그린 기린 그림이다." 빠르게 읽으면 곧바로 발음이 꼬이고 이상한 소리를 내서 한바탕 웃게 된다.

『장자』의 내용 중에도 가끔은 전형적인 말장난처럼 보이는 대목이 눈에 띈다. 역사적 배경이나 해당 주제를 둘러싸고 당시에 벌어졌던 논쟁을 모른 채 무작정 맞닥뜨리면 도무지 무슨 소리인지 알 수 없는 경우다.

손가락을 가지고 손가락을 손가락이 아니라고 말하는 것은, 손가락이 아닌 것을 가지고 손가락을 손가락이 아니라고 말하는 것만 못하다. 말馬을 가지고 말을 말이 아니라고 말하는 것은, 말이 아닌 것을 가지고 말을 말이 아니라고 말하는 것만 못하다. 천지는 하나의 손가락과 같다. 만물은 한 마리의 말과 같다. 되는 것을 일러 됨이라 하고, 되지 않는 것을 일러 되지 않음이라 한다. 길은 다녀서 생기고 사물도 불러서 그렇게 된다. 그렇다고 하니까 그렇게 된다. 그렇지 않다고 하니까 그렇지 않게 된다. 사물에는 본래 그럴 까닭이나 가능성이 있다. 그렇지 못하거나 그럴 수 없는 것은 하나도 없다.(「제물론」)

영락없는 말장난 분위기다. 손가락이나 말이라는 단어를 반복 사용하여 발음이 꼬이게 만들고자 한 기분이 들기 십상이다. 하지만 장자가 한가하게 말장난이나 하자고 나설 리는 없다. 손가락이나 말 이야기 역시 무언가 꽤 비중 있는 내용일 텐데 쉽게 짐작이 가지는 않는다. 막힐 때는 끈기를 가지고 한 문장 한 문장을 잘라서 보는 방법이 제일 좋다. 문장이 이해가 가지 않으면 이번에는 개별 단어 하나하나를 토막 내서 살펴보면 된다.

"손가락을 가지고"라고 하니, 자기 손가락을 한번 직접 치켜들어서 보자. 이어서 나오는 "손가락을"은 방금 자신이 치켜들어 눈으로 확인한 손가락을 지칭한다. 문제는 그 뒤에 나오는 "손가락이 아니라고 말하는 것"

이다. 왜 눈으로 직접 확인한 자신의 손가락을 손가락이 아니라고 할까? 수수께끼를 풀어줄 힌트는 '말'이라는 단어에 있다. 그러면 이번에는 '말'이라고 했으니 '손가락'이라는 단어를 입으로 소리내어 말해보자. 이제 무엇과 무엇의 비교인지 보다 분명해진다. 눈으로 보는 자기 손가락과 입으로 말한 손가락이 일치하지 않는다는 이야기가 된다. 즉 '실재'로서의 손가락과 '언어'로서의 손가락을 구분하는 논리다.

정말 두 가지 손가락은 일치하지 않을까? 먼저 눈으로 보는 자기 손가락은 어떤 손가락인가? 당연히 자신만의 고유한 손가락이다. 생긴 모양이나 길이 등 자신만의 특징을 지닌 개별적인 손가락이다. 이번에는 손가락이라고 '말'을 할 때의 손가락은 무엇인가? 특정한 사람의 고유한 손가락이 아닌, 모든 사람이 가지고 있는 일반적인 의미의 손가락이다. 보편적인 뜻을 지닌 단어다. 실재로서의 손가락은 개별적이고, 언어로서의 손가락은 보편적이다.

마지막으로 두 종류의 손가락이 동일한가, 아닌가를 확인할 차례다. 이해를 돕기 위해 '산山'이라는 다른 단어를 가지고 생각해보자. 자신이 사는 동네에 있는 산을 산이 아니라고 할 수 있을까? 당연히 앞의 '산'은 특정한 모양을 가지고 있는 개별적인 산이다. 자기 동네 산만이 아니라 북한산, 설악산, 오대산 등 우리나라의 온갖 산이 다 여기에 해당한다. 뒤의 '산'은 그러한 개별적인 산의 공통적 특징으로서 우리 머릿속에 개념화되어 있는 산이다. 둘은 동일한 것일 수 없다. '산'이라고 말할 때 우리 머릿속에 있는 보편적인 산의 모습을 한번 백지에 그려보라. 평지에 불쑥 솟은 몇 개의 삼각형으로, 상당히 추상화된 모습이다. 실재의 개별 산 중에 이에 해당하는 모습을 동일하게 가진 경우는 없다. 마찬가지로 사람마다 미세하지만 차이를 갖는 손가락은 보편적 개념으로서의 손가락과 동일할 수 없다.

왜 말을 말이 아니라고 하는가?

'말馬'에 대한 내용도 동일하게 이해하면 될 일이다. 말 그림으로 유명한 북송 화가 이공린李公麟의 〈오마도五馬圖〉를 이용해 접근해보자. 그는 서역에서 가져온 다섯 마리의 말과 마부를 그렸는데, 이 그림은 그중의 하나다. 다섯 마리 말의 색이나 생김새가 조금씩 다르다. 사실적인 화풍의 화가라는 점을 고려할 때 실제로 각각의 말을 보며 그 특징을 묘사했을 것이다. 먼저 흰색 말이고, 몸집은 비교적 큰 편인데 상대적으로 다리가 가늘다. 다른 서역 말에 비해 목이 짧고, 목덜미에 줄을 지어 길게 나 있는 갈기털도 무성하지는 않다.

〈오마도〉에 그려진 다섯 마리의 말은 같은 품종임에도 조금씩 다른 모양인데, 아예 품종이 다른 말은 차이가 더 크다. 전국시대에 군마로 쓰이던 말은 진시황의 병마용 군마를 통해 특징을 알 수 있다. 머리가 크고 몸통과 다리가 굵다. 체질이 강해 전차를 끌기에는 적합하다. 하지만 이공린의 그림에서 보이는, 다리가 길고 가늘며 유선형 몸을 가진 서역 말의 속도를 당할 수가 없었다. 우리에게 익숙한 조랑말은 또 다른 특징을 갖고 있다. 체격이 훨씬 작고 다리도 짧다. 지구력이 좋고 먹이를 적게 먹어 짐

이공린, 〈오마도〉, 11세기

을 옮기는 데 용이했다.

다시 장자의 글로 돌아가자. 말 이야기도 기본 구조와 맥락은 손가락 이야기와 동일하다. 앞의 손가락 이야기를 염두에 두고, 이에 더해 다양한 품종의 말이 서로 다른 모양과 체질적 특징을 갖고 있다는 점까지 고려하면, 장자의 글에서 "말馬을 가지고 말을 말이 아니라고 말하는 것"이 무슨 의미인지 분명해진다. 〈오마도〉에 나오는 특정한 모양의 개별적인 말은, 우리가 '말'이라고 할 때 머릿속에 떠오르는 보편적 의미의 말과 동일하지 않다.

그림으로 읽는 장자

장자의 말 이야기는 제자백가 사상 중에 명가名家를 대표하는 공손룡公孫龍의 다음 이야기와 연관이 있다. 하루는 공손룡이 흰 말을 타고 국경을 지나가고 있었다. 그런데 관문을 지키는 사람이 가로막았다. 말을 탄 채로 관문을 지날 수 없다는 규칙을 내세우며 말에서 내리라는 지시였다. 그러나 공손룡은 "흰 말은 말이 아니다."라는 명제를 제시하여 입증하고는 그대로 말을 탄 채 관문을 지나갔다고 한다. 그는 흰 말이 어떻게 말이 아닌지를 세 가지로 나누어 논증한다.

　첫째, 말은 모양을 가리키는 개념이고 희다는 것은 빛깔을 가리키는 개념이다. 빛깔과 형체는 다른 것이다. 그러므로 흰 말은 말이 아니다. 둘째, 말에는 흰 말, 검은 말, 누런 말이 모두 해당되지만, 흰 말에는 누런 말이나 검은 말이 해당되지 않는다. 그러므로 흰 말은 말이 아니다. 셋째, 말에는 여러 빛깔이 있다. 말에서 빛깔을 빼버리면 말 자체만 남는다. 흰 말은 그러한 말에다 흰색을 더한 것이다. 그러므로 흰 말은 말이 아니다.(「백마론白馬論」)

　먼저 일반적으로 말하는 '말馬'이라는 단어는 동물의 형태를 중심으로 구분한다. 그런데 '흰 말'에서 희다는 것은 형태가 아닌 색깔이므로 형태 개념인 말과 일치할 수 없다. 다음으로 개별적인 말은 여러 색과 모양을 가지고 있다. 흰색, 검은색, 누런색 말 등이 있고 얼룩말도 있다. 흰 말은 그중의 하나에 불과하므로 말을 대표하지 못한다. 마지막으로 흰 말은 말에 흰색을 보탠 것이기 때문에 말일 수 없다.

이 내용 안에는 여러 논리가 들어 있다. 대부분 언어의 문제, 논리의 문제와 연관된다. 먼저 앞의 손가락 이야기에서 보았듯이 실재와 언어로 표현된 개념 사이의 분리나 불일치가 담겨 있다. 우리는 습관적으로 언어로 표현되는 바와 그 표현의 대상이 같다고 믿는 경향이 있다. 예를 들어, '아버지'라는 말은 어머니와의 관계 속에서 실제로 자신을 낳은 사람이라는 의미를 담는다. 그런데 아버지는 생물학적 의미만이 아니라 사회적 의미도 갖는 개념이다. 입양을 통해 아버지와 자식의 관계가 맺어질 수도 있다. 또한 친족 관계에서 큰아버지나 작은아버지라는 말도 습관적으로 사용한다. 우리가 통념적으로 사용하는 아버지라는 말과 실재 사이에 얼마나 다양하게 불일치가 발생할 수 있는지를 잘 보여준다.

또한 개별과 보편 사이의 분리나 불일치의 가능성도 포함된다. 앞에서 예로 들었던 산山에서의 개별과 보편의 불일치는 언어의 명사에서 얼마든지 발생한다. 새鳥를 생각해보면 금방 드러난다. 아침에 산책을 나갔다 산에서 직접 본 새는 새라는 일반적 개념과 동일하지 않다. 엄밀하게 말하면 새라는 새는 없다. 개별적인 새는 참새, 제비, 독수리, 부엉이 등 각각의 특징을 가진 수많은 종류로 나뉜다. '새'라는 말은 이들의 공통적 특징을 인위적으로 부여해서 언어를 통해 만들어낸 보편 개념이다. '참새'라는 단일한 종으로 좁혀도 문제는 여전히 나타난다. 개별 참새 역시 서로 다른 수많은 특징을 가지고 있기에 엄밀하게 말하자면 보편적인 의미의 참새라는 단어와 동일시할 수는 없다.

공손룡은 왜 이런 골치 아픈 문제를 내놓았을까? 제자백가의 하나인 명가는 주로 이름名과 실재의 관계를 중심으로 형식논리에 주목했기에 후대에 붙은 명칭이고, 당시에는 변론가나 변자라는 말을 주로 사용했다. 왜 이 시기에 명가가 왕성한 활동을 했을까? 먼저 기존 사상의 영향을 무시할 수 없다.

유가나 도가에서도 이름을 둘러싼 논의가 있었다. 공자의 '정명론定命論'도 그 일부다. 이름을 바로잡아야 사람의 말과 행동, 나아가서는 정치가 바로 설 수 있다고 보았다. 기존 도가에서도 유가와는 다른 문제의식이 제시되었다. 도라고 이름 붙일 수 있는 것은 도가 아니라는 주장에서도 알 수 있듯이 노자는 이름 없음無名을 중시했다. 이름을 둘러싼 유가와 도가의 대립이 명가의 출현에 영향을 주었음이 어렵지 않게 짐작된다.

시대적 상황도 한몫을 했다. 춘추전국시대는 각 제후국이 부국강병책을 통해 주도권을 잡기 위해 혈안이 되어 있었다. 상당수 제후는 무력에 의존하면서도 표면적으로는 대의명분을 찾고자 했고, 이를 위해 자기 행위를 논리적으로 포장하려 했다. 그렇기 때문에 실질보다는 언어를 통해 추상적 논리를 앞세우는 변론가들이 영향력을 발휘할 여지가 넓어졌다. 모든 명가가 다 여기에 해당하는 것은 아니었으나 시대적 배경으로 작용했다.

또한 제가백가 사이의 논쟁이 치열한 분위기도 영향을 미쳤다. 논쟁의 도구로 사용되는 언어의 역할에 주목하고 논리를 확고히 세우려는 경향이 전반적으로 강화되면서 명가의 확대를 자극했다. 논쟁 과정에서 언어에 대한 관심이 높아진 데는 한자어의 특징도 일정하게 작용했다. 표의문자이기 때문에 각 글자 자체가 독립적 뜻을 지니고 있는데다 문장 부호의 부재, 조사의 부족 등으로 인해 모호하거나 엉뚱한 해석이 나올 가능성도 높았기에 언어를 엄밀하게 규정하려는 경향에 자극을 주었다.

형식논리를 모두 부정할 것인가?

이제는 공손룡에 대한 비판을 살펴보자. 손가락 이야기가 나오는 문장의 뒷부분에 장자의 비판이 담겨 있다. 장자는 "손가락이 아닌 것을 가지고 손가락을 손가락이 아니라고 말하는 것만 못하다."라거나 "말이 아닌 것을 가지고 말을 말이 아니라고 말하는 것만 못하다."라고 한다. 세부 내용으로 들어가기 전에 일단 '못하다'라는 표현에서 직감하듯이 전면적인 비판보다는, 공손룡의 말이 맞기는 하지만 더 좋은 것을 놓치고 있다는 느낌이다.

명가에 대한 전면적인 비판과 부정은 주로 다른 쪽에서 제기되었다. 묵자는 『묵자』에서 다음과 같이 공손룡의 논리를 비판한다.

> 말이 올바른 도리에 맞을 때 바른말이 된다. '흰 말은 말이 아니다.'라든가, '외톨 망아지에게는 어미가 없다.'라는 주장이 있다. 근거가 없는 이론은 잘못이다. 개를 죽이고 개가 없었다 하면 잘못이다. 까닭, 이치, 종류가 갖추어져야 바른말이 된다.(「대취大取」)

묵자는 바른말이 가능하다는 점을 전제로 한다. 까닭, 이치, 종류를 모두 갖추어야 바른말이다. 그래서 "이름과 실질을 분명히 하는 것"이 중요하다. 형태와 모양을 근거로 이름을 붙인 것은 그것이 무엇을 지칭하는지 알기가 쉽다. 손가락이나 말은 상대적으로 형태와 모양이 분명하기에 언어와 실재 사이의 일치 정도가 높다. 공손룡의 주장은 언어 안에서 통일되어

그림으로 읽는 장자

있어야 할 각 요소를 분리했다는 점에서 문제다. 특히 말과 실재를 분리시키는 교묘한 말장난으로 사람들을 현혹하고 있다는 지적이다.

장자보다 후대이기는 하지만 『여씨춘추』에도 명가를 비판하는 다양한 글이 나온다. 변론가의 궤변이 사람이 보고 듣는 것을 혼란하게 만든다며 척결해야 할 대상으로 꼽는다. "말과 뜻이 서로 떨어진다는 것은 재앙이다."(「이위離謂」) 언어에는 그 언어가 지칭하는 대상의 의미가 함께 있어야 한다. 명가처럼 이를 떨어뜨릴 때 서로 헐뜯거나 칭송하는 데만 힘을 씀으로써 현명한 자와 어리석은 자가 구별되지 않아 나라가 어지러워진다고 했다.

이에 비해 장자의 비판은 상당히 신중하다. 장자는 공손룡의 논리 자체에 대해서는 어느 정도 인정하고 있다. 『장자』 잡편에는 이와 관련하여 장자의 기본 문제의식을 확인할 수 있는 내용이 나온다.

통발은 물고기를 잡는 도구지만, 물고기를 잡으면 통발은 잊어야 한다. (…) 말은 뜻을 표현하는 도구지만, 뜻을 표현하면 말은 잊어야 한다. 말을 잊은 사람과 얘기하고 싶다.(「외물」)

통발은 물고기를 잡기 위해 대나무로 그물처럼 만든 도구다. 통발은 물고기를 잡는 용도로만 사용하면 된다. 그 이외의 도구로 사용할 수는 없는 노릇이다. 통발에 곡식이나 물을 담으려 하거나 다른 일을 하는 작업 도구로 쓰려 한다면 어리석은 사람이다. 목적과 수단을 혼동하면 안 되고, 각각의 수단은 목적에 맞게 사용해야 된다.

말도 마찬가지다. 말은 다른 사람에게 뜻을 전달하려는 목적을 이행하

장로, 〈선인도〉, 16세기 초반

는 데 필요한 도구일 뿐이다. 전하고자 하는 바만 전달하면 그뿐이다. 그 이상 말에 의존하고 집착하려는 시도는 잘못이다. 이를 명가 비판에 그대로 적용할 수 있다. 뜻을 전달하려는 목적보다는 말의 형식 자체에 매달리고 있으니 어리석다는 지적이다.

명나라 화가 장로의 〈선인도仙人圖〉는 뜻을 전달하면 말은 잊는다는 장자의 생각을 곱씹게 한다. 한 선인이 어딘지 모를 곳에 앉아 생각에 잠겨 있다. 특별한 사물이나 장소를 바라보고 있는 분위기는 아니다. 허공을 응시하지만 어쩌면 외부의 아무것도 보지 않고 자기 내면을 정면으로 바라보는지도 모르겠다. 어느 정도 시간이 흘렀을까? 그림으로 봐서는 시간이

그림으로 읽는 장자

멈춘 느낌이다. 오랜 시간 같은 장소에 이 자세로 앉아 있었을 듯하다.

화두를 붙잡고 일상에서 생각에 잠겨 있거나, 아예 동굴이나 골방에 들어앉아 두문불출하며 면벽수도를 하는 스님을 떠올리게 한다. 대체로 그들은 깨달음을 얻고자 묵언수행에 정진한다. 묵언수행을 하는 이유는 언어의 한계를 절감하기 때문이다. 말은 의사전달 수단일 뿐 보다 깊은 깨달음을 안내하는 통로가 아니다. 그럼에도 사람들은 말에 지나치게 의존하기에 오히려 생각을 가로막는 폐해가 생긴다. 생각에만 몰두하여 깨달음에 도달하기 위해 말을 중단하는 선택을 한 것이다.

통발과 언어를 비교한 장자의 주장은 명가만이 아니라 유가에 대한 비판에도 적용된다. 앞의 〈선인도〉와 유가 선비를 묘사한 그림 사이에는 상당한 차이가 있다. 보통 공부를 하거나 토론을 하는 선비, 혹은 세상의 이치를 탐구하기 위해 고민하는 선비를 묘사한 그림에는 단골로 등장하는 장치가 있다. 주변의 탁자에 책이 몇 권 놓여 있거나 손에 두루마리를 들고 있기 마련이다. 글을 쓰기 위한 벼루와 붓도 흔히 보인다. 옛 성현의 글에 의존하여 진리를 탐구하고, 말을 이용한 토론과 가르침을 통해 학문을 넓힐 수 있다고 보는 유가의 특징이 반영된 것이다. 글과 말의 흔적을 지운 채 온전히 자신의 내면에 몰두하는 〈선인도〉를 통해 "말을 잊은 사람과 얘기하고 싶다."라는 장자의 소망을 접하는 기분이다.

맨 앞의 장자 글에서 주목해야 하는 내용이 더 있다. 손가락과 말 이야기에 이어서 "길은 다녀서 생기고 사물도 불러서 그렇게 된다. 그렇다고 하니까 그렇게 된다."라고 한 내용이다. 언어의 성격에 대한 규정이다. 길은 원래 있던 것이 아니다. 오랜 기간 여러 사람이 다녀서 생긴다. 언어도 마찬가지다. 어떤 사물이나 현상에 대해 사람들이 오랜 기간 그렇게 불러왔기에 생긴다. 언어 스스로가 어떤 목적을 갖고 있거나, 독자적인 역할을 하는 게 아니다. 그저 사람들 사이의 관습에 의해 만들어졌을 뿐이다. 언어 자체에 큰 비중을 두거나 의존하지 말라는 지적이다.

그렇기 때문에 장자는 말 이야기와 관련해서 공손룡의 논리를 전면적으로 비판하거나 굳이 부정하지는 않는 것이다. 관습으로 불러와서 생긴 이름이기 때문에, 본래 언어를 통한 규정과 실재의 사물이 일치한다고 볼 수 없다. 손가락이나 말처럼 분명한 형태를 지닌 사물의 이름조차 엄밀하게 보자면 실재와 동일하지는 않다. 하물며 구체적 사물이 아니라, 인·의·예·지처럼 언어를 통해 만들어낸 보편 개념은 불일치 가능성이 더 커진다.

진짜 말장난을 하는 사람은 누구인가?

장자가 보기에 공손룡은 궤변이나 말장난으로만 치부할 수 없는 나름의 진지한 문제의식을 갖고 있다. 공손룡은 글이나 말로 현실을 모두 설명하고 문제를 해결할 수 있다고 믿는 당시 지식인들의 사고방식을 문제 삼았다. 『여씨춘추』에는 이를 살펴볼 수 있는 내용이 나온다. 연나라 소왕이 군비 폐지론에 공감하고 추진하겠다고 하자, 공손룡은 "임금께서는 하지 않을 것"이라고 한다. 임금이 "어째서 그렇소?"라고 물으니 다음과 같이 대답한다.

그림으로 읽는 장자

임금께서 '정말로 군비 폐지론을 채택하겠다'고 말씀하시지만, 조정에 있는 선비들이 모두 용병을 잘하는 자들이니, 군비 폐지를 하지 않으실 것임을 압니다. (「응언應言」)

이에 임금이 아무 말도 하지 못했다. 공손룡이 보기에 중요한 것은 말이 아니다. 일이 그렇게 될 수밖에 없도록 만드는 객관적 측면이 더 중요하다. 당시 중원의 상황이나 용병에 능한 신하들로 채워져 있는 조건을 볼 때 제후는 결국 전쟁을 선택하게 되어 있다. 그런데도 왕 앞에서의 말을 이용한 유세나 설득으로 전쟁을 막을 수 있다고 주장하는 유가나 묵가의 태도를 지적한 것이다. 현실을 말로 대신할 수 있다는 사고방식에 대한 비판이다.

장자가 보기에 유가나 묵가보다 차라리 명가가 더 건강하고 솔직할 뿐만 아니라 논리적으로도 더 날카로운 문제의식을 갖고 있었다. 유가는 객관적인 현실보다는 인·의·예·지를 비롯하여 온갖 추상적인 개념을 만들어 사람들의 생각을 현혹한다는 점에서 더 문제다. 오히려 전국시대라는 객관적 조건에서 유가야말로 가장 말장난이 심한 사람들이다.

그러하기에 공손룡의 주장을 기본적으로 인정하며, 보완 차원에서 비판한다. 어떤 방식의 증명이 더 바람직한지를 묻는다. "말馬이 아닌 것을 가지고" 증명하는 것이 더 낫다고 한다. 말을 가지고 증명하는 것이 어떤 한계가 있기 때문일까? 말을 가지고서 말을 말이 아니라고 하면 시야가 오직 말에게만 머문다. 처음부터 끝까지 다 말이니 그러하다. 손가락을 가지고 얘기하면 다시 손가락에 머문다. 아무리 심층적으로 접근해도 각 사물이나 현상은 서로의 연관성을 잃어버리고 자기 안에만 머문다.

서로의 연관성을 잃어버리고 시야가 개별 사물이나 현상에 머물면 어떤 문제가 생기는가? '이것'과 '저것'을 다룬 앞의 주제에서 확인했듯이 이것이 저것으로 되는 상호 연관과 역동적인 변화가 불가능해진다. 큼과 작음, 움직임과 정지, 삶과 죽음, 옳음과 그름 등은 서로를 향해 다가서지 못하고 고립 상태에 빠진다. 큰 것은 계속 큰 것으로, 작은 것은 계속 작은 것으로 남는다.

하지만 손가락이나 말이 아닌 것을 가지고서 접근할 때 이것과 저것이 관계를 맺고 연관과 변화, 그리고 통일의 가능성이 열린다. 그래서 장자는 손가락과 말 이야기에 이어서 "천지는 하나의 손가락과 같다. 만물은 한 마리의 말과 같다."라고 한 것이다. 변화와 통일의 관점에서 볼 때 가장 큰 것처럼 여겨지는 천지가 하나의 작은 손가락과 같아지고, 가장 폭이 넓다고 여겨지는 만물이 한 마리의 말과 같은 것이 된다.

물론 명가의 다른 주장에는 형식논리를 극단적으로 적용해 현실적으로 의미 없는 말장난에 머무는 경우도 적지 않다. 이에 대해서는 보다 충분한 경계와 비판이 필요하다. 『장자』의 잡편에는 다양한 명가의 주장이 소개되어 있다.

> 수레바퀴는 땅을 밟지 않는다. (…) 빨리 나는 화살도 가지도 않고 멈추지도 않는 순간이 있다. (…) 회초리를 매일 반으로 부러뜨려도 만년토록 없어지지 않는다.(「천하」)

그림으로 읽는 장자

오직 논리적 형식만을 가지고 상대방의 생각을 뒤집어버리는 방식이다. 수레바퀴가 움직일 때 정지된 순간에 닿는 부분이 극히 일부에 불과하기에 전체로서의 수레바퀴는 땅을 밟지 않는다는 논리다. 날아가는 화살도 매 순간으로 잘게 나누어 쪼개면 정지해 있는 순간이 있다는 논리다. 회초리 이야기도 비슷하다. 회초리를 반으로 접어 부러뜨리고, 다시 남은 부분을 또 반으로 부러뜨려도 여전히 반은 남는다. 어찌됐든 논리적으로는 계속 반이 남기에 만년이 넘도록 반씩 부러뜨려도 없어지지 않는다는 발상이다.

이러한 주장은 만물의 역동적 변화와 운동을 인정하지 않기에 생기는 오류다. 만물은 시간과 공간 안에 존재한다. 하지만 명가는 화살을 시간과 공간에서 떼어냄으로써 변화와 운동을 부정한다. '시간' 개념이 무의미한 허구로 전락한다. 개별 사물만 분리되어 있기에 사물을 둘러싼 공간 개념도 성립하지 않는다. 개별 사물이 운동하려면 다른 사물이나 공간이 전제되어야 한다. 명가는 이를 부정함으로써 운동 개념도 머릿속에서 관념적으로 부정해버린다. 생성과 소멸, 시간과 공간의 부정은 변화와 운동의 근본적 부정으로 이어진다.

명가는 화살의 움직임조차 부동성을 전제로 하여 파악하기 때문에 운동의 연속성을 무시하고 비연속성을 절대화한다. 하지만 현실의 운동은 연속성과 비연속성의 통일로만 나타난다. 이를 분리하여 시간을 비연속성, 즉 정지라는 개념으로 고립시켜서는 안 된다. 시간은 여러 개의 정지한 '지금'들로 이루어진 것이 아니라 변화와 운동 속에서만 의미를 지닌다. 시간을 관념 속에서 잘라서 정지한 여러 개의 '지금'을 나열한 것으로 여기기 때문에 나타나는 잘못이다. 회초리 이야기도 공간을 고정된 부분의 조합으로만 바라보기 때문에 생기는 오류다. 만물을 연관과 변화, 통일로 바라본 장자의 관점이 얼마나 중요한 사유 방식인지를 다시 한 번 확인할 수 있다.

꿈을 꾸는가,
깨어 있는가?

스스로 꿈에서 깨어 있다는 착각

사람은 거의 매일 꿈을 꾼다. 다만 개인에 따라 혹은 상황에 따라 꿈을 기억하기도 하고 잠에서 깨어 한두 시간 후에 까맣게 잊기도 한다. 꿈의 줄거리가 어느 정도 기억나더라도 대수로운 일이 아니라고 여긴다. 꿈은 그저 꿈일 뿐이라고 생각하고 하루의 일을 시작한다. 만약 누군가가 꿈속에서의 사건과 현실을 혼동한다면 심신이 피곤한 상태라는 소리를 듣거나 심하면 신경쇠약 증상으로 판정받을 것이다.

어쨌든 꿈과 현실을 구분하지 못하면 정신적으로 문제가 있는 상태로 여긴다. 꿈을 미래에 대한 예지로 보는 사람도 있기는 하지만 일반적이지는 않다. 기본적으로 현실을 정상으로, 꿈을 비정상으로 설정하고, 정확히 구별해야 한다는 생각을 누구도 부정할 수 없는 상식처럼 받아들인다.

명나라 화가 육치陸治의 〈몽접도夢蝶圖〉는 꿈을 꾸는 장자의 모습을 담았

육치, 〈몽접도〉, 16세기

다. 바위에 기댄 팔에 얼굴을 묻고 깊은 잠에 빠져 있다. 뒤로 완만한 언덕이 보이고, 위로는 버드나무 가지가 길게 늘어져 있다. 시원한 나무 그늘 아래 달콤한 시간을 보내는 중이리라. 어떻게 주인공이 장자임을 아는가? 그림에 장자의 꿈을 보여주는 상징이 있다. 머리 위로 두 마리의 나비가 춤을 추듯 날아다닌다. 장자의 유명한 나비 꿈 이야기다. 나비 꿈에 대해서는 이 글의 뒷부분에서 자세히 살피겠다.

그림으로 읽는 장자

장자는 자신의 꿈 이야기 말고도 『장자』의 다른 부분에서 꿈에 대한 생각을 풀어놓는다. 늘 그러하듯이 여기에서도 다시 상식을 흔든다. 자신의 분신이라 할 수 있는 가상의 인물을 통해 꿈과 현실의 구분을 흩어버린다.

꿈에서 술을 마시며 즐기던 사람이 아침에 깨어나면 슬픈 현실에 울곤 한다. 꿈에서 슬피 울던 사람이 아침에는 즐겁게 사냥을 나가기도 한다. 꿈에서는 꿈인 줄 모른다. 꿈에서 그 꿈을 점치기도 한다. 꿈을 깬 뒤에야 꿈이었음을 알게 된다. 또한 큰 깨어남이 있어야만 비로소 이 삶도 큰 꿈임을 안다. 어리석은 자들은 깨어 있다고 생각하고 아는 체를 하여 임금이니 목동이니 하지만 고루한 일이다. 나는 당신과 더불어 꿈을 꾸고 있는 것이다. 내가 당신이 꿈을 꾸고 있다고 말하는 것도 역시 꿈이다.(「제물론」)

일단 그의 말을 따라가 보자. 먼저 꿈과 현실을 구분하는 이야기가 나온다. 꿈에서 슬프거나 무서운 일을 겪다가도 꿈에서 깨면 언제 그런 일이 있었냐는 듯이 평상심으로 돌아온다. 경우에 따라서는 곧바로 상반된 행동을 하기도 한다. 우리가 자주 겪는 일이다. 악몽을 꾸다가도 꿈이었음을 알고는 피식 웃고 지나친다. 꿈에서는 생생하게 느껴지다가도 현실로 돌아오면 금방 잊어버린다. 심지어 꿈속에서 또 그 꿈을 만나기도 한다. '이건 분명히 꿈인데'라고 생각하거나 어떤 경우에는 꿈속에서 다시 꿈을 꾸기도 한다.

"이 삶도 큰 꿈임을 안다."라는 대목도 이해 못 할 내용은 아니다. 흔히 인생은 '일장춘몽'이라고 하지 않는가? 북송을 대표하는 시인 소동파의 일화에서 나온 말이다. 그는 22세에 과거에 급제하여 일찌감치 이름을 알렸다. 유가에 뿌리를 두었기에 관직에 진출하여 나라와 백성을 이끈다는 사명감을 갖고 있었다. 그는 승진을 거듭하다 당쟁으로 좌천과 투옥을 겪었다. 이후 일생의 대부분을 유배 생활과 지방관 생활로 보내야 했다. 유배지에서 길가의 노파가 "옛 부귀가 일장춘몽이구려."라고 하자, 소동파가 "잘 알아보셨습니다."라고 대답했다는 이야기가 전해진다. 그는 유배에서 돌아오는 도중에 얻은 병으로 세상을 떠났다.

현대사회를 살아가는 대부분의 사람도 노년기에 문득 느끼는 감정이다. 성공을 향해 칼날 위에 선 심정으로 경쟁에 뛰어든다. 오직 앞만 보고 전력 질주하는 인생을 산다. 경쟁의 사다리 꼭대기를 향해 오르고 또 오른다. 그러다가 정년퇴직을 전후한 나이가 되었을 때 문득 살아온 날을 되돌아본다. 그때쯤 성취나 성공의 만족감이든 살아오면서 겪은 아픔과 고통이든 하룻밤의 꿈처럼 느껴지는 순간을 맞이한다.

그래서 장자의 꿈 이야기도 인생의 덧없음에 초점을 맞춰 해석한다. 하지만 장자가 사람들이 인생 후반기에 느끼는 감상을 구태여 다시 확인시켜주려 했을 리는 없다. 중요한 것은 '큰 깨어남'이 있어야만 삶이 큰 꿈임을 알게 된다는 점이다. 누가 가르쳐주지 않아도 노년기에 저절로 느끼는 문제가 아니다. 노년에 느끼는 감상은 굳이 큰 깨달음이 필요 없다. 숨을 거두는 순간까지 탐욕에 찌들어 있지만 않다면 자연스럽게 찾아오는 생각이다.

장자의 '큰 깨어남'은 미리 깨달아야 한다는 뜻이다. 인생의 중요한 시

그림으로 읽는 장자

기를 다 보내고 나서야 후회하듯이 되돌아보는 감정이 아니라 미리 내다보는 큰 지혜다. 사실은 다음 문장부터 턱하며 걸리는 내용이 이어진다. 어떤 면에서는 장자가 진정으로 강조하고자 하는 바는 여기에서 시작된다. 이제 본격적인 고민과 만나보자.

단순히 인생 전체가 한바탕 꿈임을 미리 깨달아야 한다는 데 머물지 않는다. 장자는 이어서 "어리석은 자들은 깨어 있다고 생각하고 아는 체를 하여 임금이니 목동이니 하지만 고루한 일"이라고 한다. 우리는 매 순간 꿈에서 벗어나지 못하고 있다. 현실에서 잠자리를 박차고 일어난 순간부터는 깨어 있다고 여기는 것이 착각이다. 심지어 자신이 지금 사람들에게 말하는 순간조차 의심의 대상이다. "내가 당신이 꿈을 꾸고 있다고 말하는 것도 역시 꿈이다." 모든 것을 분명하다고 생각하는 사고방식이 문제다. 장자는 지금 꿈을 통해 '인식' 문제를 거론하고 있는 것이다.

"깨어 있다고 생각하고 아는 체"를 한다는 것은 일반적으로 생각하는, 확고한 인식 능력과 인식 방법에 대한 믿음을 의미한다. 꿈이란 분별력이 분명하지 않은 상태다. 꿈에서는 시간과 공간을 비롯하여 여러 상황이 뒤죽박죽 섞인다. 깨어 있음은 사물이나 현상에 대해 객관적으로 정확히 인식하고 있는 상태다. 그렇다면 누가 '아는 체'를 하는가? 임금이나 지식인들이 그러하다.

보다 직접적으로는 정확한 인식 방법에 따른다면 앎에 이른다는 확신을 가진 유가와 묵가다. 공자는 『논어』에서 실증적 방법을 통한 인식에 신뢰를 보낸다. "내가 하나라와 은나라의 예를 말할 수는 있으나, 기나라와 송나라는 실증하기에 부족하다. 문헌과 현명한 이들이 부족한 탓이니, 이것들이 충분하다면 실증할 수 있다."(「팔일」) 문헌이나 정보만 충분하다면 예禮에 대해 실증할 수 있다는 것이다. 자료만 뒷받침된다면 진실 규명과 정확한 판단에 어려움은 없다고 보았다.

묵자는 『묵자』에서 엄밀한 논리 구사에 필요한 개념을 통해 이 문제에 답한다. "누워 잠잔다는 것은 지각의 아는 기능이 없는 상태"이고, "꿈이란 누워 잠자면서 정말 그러한 것처럼 생각하는 것"이다. 잠은 인식이 정지한 상태고, 꿈은 허구를 사실처럼 느끼는 상태다. 이에 비해 인식은 마치 눈으로 바로 앞의 사물을 보듯이 정확히 구별하여 알 수 있다. "지혜라는 것은 지능으로 사물을 따져서 알고 있는 것을 분명히 하는 것이어서, 마치 밝게 보는 것과 같다."(「경편」) 묵자는 두 가지 인식 방법을 엄격히 구분한다. 하나는 꿈처럼 착오에 불과한 사고를 경계하고, 정신을 흐리게 만드는 불확실한 생각을 걷어내야 한다. 다른 하나는 바로 앞의 사물을 보듯 확실히 아는 것에 기초하여 탐구하는 인식 방법이다. 후자를 통하면 인식은 본질에 도달한다.

헤엄치는 물고기는 즐거운가?

장자는 무엇을 말하고자 하는가? 정신을 꿈의 모호함에 맡겨두자는 걸까? 만약 그러하다면 『장자』에 나오는 수많은 이야기나 논리는 아무 쓸데없는 넋두리가 되어버린다. 인식 자체에 대한 부정이라면 논리적인 글쓰기가 우스운 짓이 되어버린다. 장자의 문제의식은 인식 능력과 인식 방법의 맹신에 대한 비판이다. 인식에 대한 맹신을 비판하되, 인식 자체의 부정이 아니라면 서로 다른 인식 방법을 구분하는 발상이라고 볼 수 있다. 이와 관련하여 다음 대화에서 보다 구체적인 성찰을 만난다.

　장자가 호수 옆을 거닐다 말했다. "물고기가 유유히 헤엄치고 있군. 물고기가 즐거워하고 있구나." 그러자 혜자가 "자네는 물고기가 아닌데 어떻게 물고기의 즐거움을 아는가?"라며 의아한 표정을 지었다. 이번에는 장자가 왜 내가 물고기의 즐거움을 알지 못한다고 생각하느냐고 묻자, 혜자가 대답했다.

　혜자가 말했다. "나는 자네가 아니라서 자네를 알지 못하네. 자네도 물고기가 아니니 물고기의 즐거움을 알지 못함이 틀림없네." 장자가 말했다. (…) "나는 지금 호수 밑의 물고기와 일체가 되어 마음을 통해 즐거움을 알고 있었던 것이네."(「추수」)

　남송 화가 이당의 〈호량추수도濠梁秋水圖〉는 두 사람의 대화 장면을 보여준다. 넓은 호수가 바로 옆으로 내려다보이는 곳에 장자와 혜자가 마주 앉았다. 나무를 등지고 앉은 이가 장자다. 혜자가 호수 쪽으로 몸을 향한 채 고개만 살짝 돌려 장자를 보고 있어서 황당해하는 그의 기분이 느껴진다. 지금 막 사람이 어찌 물고기의 즐거움을 알 수 있느냐며 따지듯 묻는 순간이리라.

　대화를 읽고 나서 장자와 혜자 중에 누가 정상이고 누가 비정상으로 느껴지는가? 십중팔구 장자의 정신 상태가 좀 심각해 보인다고 대답할 것이

이당, 〈호량추수도〉 부분, 12세기

다. 헤엄치고 있는 물고기를 보면서 "물고기가 즐거워하고 있구나."라고 하니 말이다. 상식적으로 사람이 물고기가 즐거운지 아닌지를 어떻게 알 수 있냐는 생각이 퍼뜩 떠오른다. 아무리 중국사람이 허풍을 잘 부린다고는 하나 좀 심하다는 느낌을 받을지도 모른다. 현실이 아닌 공상 세계에서 허우적대는 사람으로 다가온다.

이에 비해 혜자의 말은 상당히 논리정연하다. 그의 논리는 우리에게 친근하다. 일단 "나는 자네가 아니라서 자네를 알지 못하네."라는 말이 하나의 전제 역할을 한다. 우리는 '열 길 물속은 알아도 한 길 사람 속은 모른

그림으로 읽는 장자

다.'는 옛말을 자주 인용한다. 그만큼 타인의 마음에 무엇이 들어 있는지를 정확히 알 방법이 없다. 혜자는 상대방도 부정할 수 없는 전제를 만들어놓은 것이다.

확실한 전제에 입각해서 "자네도 물고기가 아니니 물고기의 즐거움을 알지 못함이 틀림없네."라고 결론을 맺는다. 마치 삼단논법을 접하는 기분이다. 연속되는 전제를 통해 하나의 결론을 이끌어내는 추론 방법 말이다. 나름대로 치밀한 논리를 펼친다. 한마디로 사람끼리도 상대방의 감정을 모르는데 하물며 물고기의 감정을 어떻게 아느냐는 핀잔이다.

혜자의 눈은 어떤 눈일까? 먼저 혜자가 본 것은 호수에서 헤엄치는 물고기의 '이동'이다. 이쪽에서 저쪽으로 움직이는 것만 본다. 이러한 의미에서 육체의 눈, 즉 시각이라는 감각의 눈이다. 다음으로 전제를 통해 결론으로 나아가는 논리의 눈이다. 다른 말로 하면 이성의 눈이라 할 수 있다. 혜자의 인식 방법이 우리에게 익숙한 느낌은 어찌 보면 당연하다. 바로 우리의 눈이 감각의 눈, 이성의 눈이기 때문이다.

나아가 분석적 인식 방법을 보여주는 과학의 눈이기도 하다. 과학의 시각에서 볼 때 감각과 이성의 주체는 인간이고 자연은 대상으로 명확하게 분리된다. 감각과 이성을 동원한 관찰을 무기로 대상을 냉철하게 분석하는 방식이다. 그리고 관찰을 통해 발견된 것을 정교하게 배열한다. 그 이상의 주관적 창안이나 감상은 불확실하고 무의미하다. 물고기도 자연의 일부인 이상 이 논리에서 조금도 벗어나지 못한다.

마음으로 보는 장자의 눈

장자의 눈은 어떤 눈일까? 그는 "물고기와 일체가 되어 마음을 통해 즐거움을 알고 있었던 것"이라고 한다. 장자는 '마음'을 통해 물고기의 즐거움을 느낀다. 장자의 눈은 마음의 눈이다. 물고기와 '일체'가 되었다는 점도 주목할 만하다. 장자와 물고기가 관찰의 주체와 대상으로 분리되지 않고 마음의 눈을 통해 하나가 된다.

그런데 여전히 갸웃거리며 의문의 눈길을 보내는 사람들의 모습이 보이는 듯하다. 마음의 눈이라는 게 아무리 봐도 황당하거나 모호한 발상이 아닌가 하는 눈길 말이다. 잠시 의심을 거두고 스스로의 경험을 떠올리며 잘 생각해보자. 부모님이나 형제자매, 혹은 친한 친구 중에서 누군가와 마음으로 통한다고 느낀 적이 있지 않은가?

군이 상대방이 직접 말을 통해 설명하지 않아도, 노골적인 표정으로 생각을 드러내지 않아도, 미세한 분위기만으로 어떤 감정을 가지고 있는지 느껴지는 경험 말이다. 사랑하는 연인 사이라면 더 자주 마음과 마음으로 통하는 대화를 경험했으리라. 그것은 사람 사이이기 때문에 가능한 경우가 아니냐고 물을 수도 있겠다. 물고기를 비롯한 자연의 대상과는 여전히 소통이 가능할 리 없다는 의문이 이어질 듯하다.

자연을 대상으로 소통할 수 없다는 일반적 고정관념을 일단 머리에서 지우고 주위에서 벌어지는 일들을 생각해보자. 먼저 반려견과 함께 지내본 사람이라면 강아지와 마음으로 소통한 경험을 갖고 있을 것이다. 당연히 강아지는 사람과 언어를 통한 의사소통을 할 수 없다. 하지만 사람을 향한 눈빛이나 미세한 몸짓만으로도 대체로 무엇을 원하는지 알게 되는 경우가 꽤 있을 것이다. 단순히 즐겁거나 기분이 좋지 않은 상태가 아니라 배고프다는 건지, 배변하고 싶다는 건지, 혹은 밖에 나가자는 건지 어느 정도의 구별은 가능하다.

꼭 강아지만은 아니다. 소든 말이든 이성과 논리의 눈을 접고 마음으로 다가서면 최소한의 감정 공유의 길이 열린다. 이성과 과학의 눈으로 관찰 대상으로서 동물을 보는 일방적 방식이 아니라 함께하는 느낌으로 다가설 때 둘 사이를 가로막고 있던 장벽이 낮아지고 조금씩 마음이 열린다. 그런 게 바로 마음의 눈이다.

우리는 왜 혜자의 눈과 논리에 친숙하고 장자의 생각에는 어리둥절했을까? 장자가 이상한 정신 상태로 느껴진 것은 그만큼 마음의 눈을 잃어버렸다는 증거다. 모든 걸 과학의 눈으로 바라보는 방식에 익숙해진 탓이다. 우리는 아주 어려서부터 교육을 통해, 또는 사회적 편견을 통해 이렇게 보고 생각하도록 훈련받아 왔다. 심지어 감정이나 마음의 눈이 반드시 필요한 부분에서조차 이성과 논리를 강요받아 왔다.

예를 들어, 학창 시절의 문학 수업 시간을 떠올려보라. 문학, 특히 그중에서도 시는 충분한 감성이 필요하다. 물론 그렇다고 해서 시에 이성이 불필요하거나 중요하지 않다는 지적은 전혀 아니다. 이성만큼이나 감성의 힘이 있을 때 자연과 친밀하게 호흡하고 시인과 함께 소통할 수 있다는 의미다. 필요하다면 교실 창문을 열어 귓가를 스치는 바람을 느끼고 스스로 시상을 떠올리기도 해야 제대로 된 시 수업일 것이다.

청나라 화가 왕사자王師子의 〈춘수연의도春水漣漪圖〉는 문학과 미술을 비

왕사자, 〈춘수연의도〉, 1933년

롯한 예술에서 마음의 눈이 어떻게 적극적 역할을 하는지를 잘 보여준다. 중국과 조선의 화가들이 즐겨 그렸던 부채 그림이다. 물속을 유유히 헤엄치는 물고기의 모습을 상큼한 색조와 붓놀림으로 자주 담았다. 몇 마리의 물고기가 서로 호응하며 춤을 추듯 노닌다.

어찌 보면 옛 그림에서 흔히 만나는 장면이다. 여기까지는 마음을 통해 물고기와 소통하는 장자의 분위기가 전달되지는 않는다. 그런데 조금 더 주의를 기울여 보면 왼편으로 둥그런 모양의 무언가가 보인다. 밤하늘의 보름달이 물에 비친 모습이다. 여기에 바로 위에 적힌 시 내용까지 보태지면 장자에게 보이는 마음의 눈이 느껴진다.

개구리밥은 맑은 물결에 출렁이고, 봄물은 찰랑찰랑 세차게 흐르네.

좋은 밤 푸른 하늘은 멀기만 한데, 은빛 못의 물고기는 달을 읽누나.

화가는 물속에서 헤엄치는 물고기의 '움직임', 수풀이나 물결의 '상태'를 객관적으로 관찰하는 데 머물지 않는다. 자연을 매개로 물고기와 정겨운 감정을 나눈다. 장자가 물고기의 즐거움을 공감했다면, 화가는 한술 더 떠 물고기가 달을 보고 있다고 여긴다. 같은 시간과 장소에서 화가와 물고기가 함께 달을 보며 교감한다.

하지만 한국 제도교육에서는 합리적인 이성의 눈으로 시에 접근하도록 훈련받는다. 심지어 시 전체의 문제의식은 물론이고 하다못해 개별 시어의 의미까지도 답으로 배워서 암기한다. 더 어처구니없는 것은 그렇게 암기한 답을 시험지에 오지선다로 골라 써야 한다. 문학 수업이 이 정도니 다른 영역은 말할 것도 없다.

직장을 비롯한 사회생활에서는 감성을 발휘할 기회가 더욱 줄어든다. 분석과 종합이라는 이성적 인식 방법으로 상황을 파악하고 대응해야 사회에서 요구하는 경쟁력에 부응한다. 풍부한 감성을 보이면 직장 생활에 부적합한 사람이라는 낙인이 찍히기 십상이다. 나이를 먹어갈수록 감성은 메마르고 혜자의 사고방식이 더욱 의식을 지배한다. 그 결과 자연은 물론이고 타인조차 대상으로만 바라보는 사고방식에 물든다. 이성 중심주의와 과학기술 만능주의가 굳어져버린다. 당연히 장자의 마음의 눈은 갈수록 낯설어진다.

장자인가, 나비인가?

　장자는 물고기와 꿈 이야기를 통해 발상의 전환을 촉구한다. 분석과 실증 중심의 인식 방법에 의존하는 이성의 눈에 머물지 말고, 잃어버렸던 마음의 눈과 직관의 눈을 다시 찾아야 한다고 강조한다. 감성과 직관으로 모든 것이 해결된다는 주장은 전혀 아니다. 앞서 다른 주제에서 충분히 살펴보았듯이 뜻을 전달하기 위해서는 언어를 이용하고, 현실을 이해하고 대응하기 위해서는 엄밀한 논리를 세워야 한다. 하지만 뜻이 전달되고 나면 말을 잊어야 하듯이 언어와 논리의 눈에 갇히지 말아야 한다.

　나아가 물고기와 꿈 이야기에서 자연이나 세상을 대상으로만 보고, 자신을 관찰과 개입의 주체로 분리시키는 사고에 대한 반성적 통찰을 이끌어낸다. 물고기와의 교감은 주체와 대상으로의 분리에서 벗어나도록 자극한다. 깨어 있다고 생각하는 순간도 사실은 꿈속에 있다는 설정은 확실한 인식 능력이라는 허구적 신화에 경종을 울린다. 장자의 꿈 이야기와 관련하여 빼놓을 수 없는 것이 유명한 나비의 꿈이다.

　어느 날 나비가 된 꿈을 꾸었다. 훨훨 날아다니는 나비가 되어 유유자적 지내며 자신이 장자임을 알지 못했다. 문득 깨어보니 다시 장자가 되었다. 장자가 나비가 되는 꿈을 꾸었는지 나비가 장자가 되는 꿈을 꾸었는지 알 수 없다. 장자와 나비 사이에 구별이 있기는 있을 것이다. 이를 '사물의 변화'라 한다.(「제물론」)

언뜻 앞에 나온 꿈 이야기의 반복처럼 느껴진다. 하지만 곰곰이 따져보면 강조하는 측면이 조금 다르다. 앞에서 '인식'의 문제를 주로 다루었다면 여기에서는 인식 '주체'의 문제가 더 강조되어 있다. 장자가 나비가 되는 꿈인지, 나비가 장자가 되는 꿈인지 알 수 없다는 것은 주체와 대상의 분리에 대해 여러 측면에서 고민하도록 만든다.

나비가 일종의 비유라는 점을 고려할 때 현실에 다양하게 적용된다. 나비는 곧 자연과의 관계이자, 세상과의 관계이고, 나아가서는 타인과의 관계다. 우리는 그동안 자연, 세상, 타인 등 여러 관계에서 상대를 대상으로 취급하고 자신을 주체로 놓았다. 그리고 주체로서 대상과 자신을 정확히 인식할 수 있다는 확신을 가져왔다.

특히 공자는 자연과 세상은 물론이고, 심지어 복잡한 내면을 가진 사람에 대해서조차 얼마든지 인식할 수 있다고 보았다. 자신이든 타인이든 정체성을 분명하게 알아낼 수 있다는 것이다. "그의 행위와 의도, 습관을 관찰한다면 사람이 어찌 자기를 숨길 수 있겠는가?"(「위정」) 공자에 따르면 생각과 행동은 자신에게서 비롯된다. 사람은 자신을 숨길 수 없기에 온전히 드러난다. 그러므로 행위, 의도, 습관을 보면 어떤 사람인지 확인할 수 있다. 자신이든 타인이든 관찰에 의해 정체성을 분명히 인식할 수 있다.

하지만 장자가 보기에 인간은 그렇게 분명한 정체성을 지닌 확고한 주체가 아니다. 비유하자면 꿈과 현실의 구분, 나비와 자신의 구분도 분명하지 않은 존재다. 자기 생각에 따라 행동한다고 자부하는 사람도 진정 스스로의 정체성에서 비롯된 것인지를 의심해야 한다. 생각과 습관의 상당 부분은 주체로서 나의 자유롭고 자발적인 선택이기보다는 사회적으로

훈육되고 강제된 선택일 수 있다. 판단과 행위가 사회적 통념과 도덕률에 영향을 받는 바가 크기 때문이다. 이에 사로잡혀 '부림'을 당한 것일 수 있다.

그렇다고 해서 장자가 아예 자연, 세상, 타인과 자신의 구별 자체를 부정하는 것은 아니다. "구별이 있기는 있을 것"이라고 하니 말이다. 대신 그 구별을 '사물의 변화'에서 찾는다. 구별이 있기는 하되, 기계적 구별이어서는 안 된다는 의미다. 기계적 구별이란 언제나 인간이 주체고 자연이 대상인 구별, 항상 내가 주체고 타인이나 세상이 대상인 구별이다. 이와 달리, 변화 속에서의 구별은 나와 세계가 별도로 독립하여 존재하는 것이 아니라, 연관과 통일로서의 구별이다. 변화 속에서 내가 곧 세계가 되고, 세계가 곧 내가 되기도 한다. 세계 안에 내가 있을 뿐만 아니라 내 안에 세계가 있다.

그림으로 읽는 장자

하늘과 인간은
어떤 관계인가?

하늘의 소리를 듣다

우리는 '하늘'이라는 말을 습관적으로 사용한다. 열심히 노력하라고 충고할 때 "하늘은 스스로 돕는 자를 돕는다."라고 한다. 큰 잘못을 저지른 사람에게 "하늘이 무섭지 않느냐!"며 야단친다. 하늘과 연관된 고사성어도 많다. 인간으로서의 노력을 다하고 나서 하늘의 뜻을 기다린다는 '진인사대천명', 도저히 이루어질 수 없다고 여긴 일을 하늘이 도와 이룬다는 '천우신조', 하늘을 공경하고 사람을 사랑한다는 '경천애인' 등이 그러하다.

그러나 정작 그 하늘이 무엇을 가리키는지 진지하게 생각해본 적은 별로 없을 것이다. 한마디로 정의 내리기 쉽지 않다. "하늘이 무섭지 않느냐!"라고 할 때 하늘의 의미가 무엇일까? 우리가 고개를 들어 눈으로 확인할 수 있는 물질적 개념으로서의 하늘이 아니라는 점은 분명하다. 창공이나 구름이 직접 우리에게 형벌을 내릴 리 만무하니 말이다.

이인상, 〈와운도〉, 18세기

　조선 영조시대의 대표적인 문인화가 이인상李麟祥의 〈와운도渦雲圖〉를 봐
도 하늘의 의미가 간단하지 않다. 소용돌이치는 구름이 화면을 가득 채운
다. 금방이라도 비가 내릴 듯 먹구름이 하늘을 가리고 꿈틀거린다. 거대
한 폭포 아래서 물이 요동치는 장면처럼 바람에 섞인 구름이 휘몰아친다.
옛 그림이든 현대 회화든 비슷한 그림을 찾기 어려울 정도로 발상과 묘사
력이 대담하다. 일단 그림을 통해 우리는 매일 고개를 들어 접하는 하늘을
떠올린다.

　그런데 그림의 시에 "친구를 생각하며 시 한 수를 지으려는데 글 위에
눈물이 떨어져 그림도 시도 아닌 먹장구름이 되었다."라는 내용을 써놓았
다. 왜 눈물이 떨어졌을까? 그의 사정을 고려하면 추측이 가능하다. 이인
상은 명문가의 현손이었지만 증조부가 서얼이라서 제대로 양반 대접을

받을 수 없었다. 문인들과 교류하며 학식을 쌓았지만 유가에서 그토록 중시하는 벼슬의 뜻을 펼치지 못했다. 게다가 아내와 자식도 먼저 세상을 떠났다.

눈물에는 능력과 학식에도 불구하고 서얼이라는 이유 때문에 뜻을 펼치지 못하는 분노가 녹아들어 있으리라. 유가 선비로서의 모습을 제대로 보여주지 못한 상태에서 아내와 자식을 떠나보냈으니 울분도 섞였으리라. 소용돌이 구름은 하늘의 구름이 아니라 분노와 슬픔으로 범벅이 된 자신의 마음일 수 있다. 나아가 서얼이라는 이유 때문에 인간 구실조차 못 하게 된 조선의 차별에서 혼탁해진 하늘의 도를 떠올려 그림에 담았을 수도 있는 일이다.

이처럼 중국이나 우리의 경우 하늘이 독립적이기보다는 인간과의 연관 속에서 나타난다. 세상을 대하는 인간의 태도, 인간과의 연관성 속에서 비로소 의미를 갖는다. 동양사상에서 끊임없이 논란을 불러일으킨 핵심 주제이기도 하다. 장자는 이와 관련하여 자기라는 사람의 입을 통해 알 듯 모를 듯한 '하늘의 소리'를 이야기한다.

사람의 피리 소리는 들었지만 땅의 피리 소리는 듣지 못했을 것이다. 땅의 피리 소리를 들었어도 하늘의 피리 소리는 듣지 못했을 것이다. (…) 대지의 기운을 내뿜는 것을 바람이라 한다. 이것이 일어나면 모든 구멍이 성난 듯 울부짖는다. (…) 온갖 물건을 불어서 제각기 다른 소리를 내게 하는데 모두가 그 스스로 작용하지만, 성난 듯 소리치는 것은 누가 그렇게 만드는 것이겠느냐?(「제물론」)

장자는 소리를 몇 가지로 구분한다. 사람의 피리 소리, 땅의 피리 소리, 하늘의 피리 소리다. 사람의 피리 소리란 말 그대로 피리를 불 때 나오는 소리다. 사람의 몸과 입을 통해 숨을 토해내고, 여기에 손가락으로 인위적으로 구멍을 막고 열어 다양한 소리를 낸다.

땅의 피리 소리는 자연에서 나는 소리다. 바람이 자연의 각종 구멍을 스칠 때 생기는 소리다. 나무에도 구멍이 있고 바위에도 구멍이 있다. 산에 난 굴도 구멍이고, 깊은 웅덩이도 일종의 구멍이다. 바람이 불면 바람의 세기나 구멍의 모양에 따라 다양한 소리를 낸다. 가녀린 소슬바람은 작은 소리, 거대한 회오리바람은 큰 소리를 만들어낸다.

사람과 자연의 소리는 어렵지 않다. 문제는 하늘의 소리다. 자연에서는 각기 다른 모양에 따라 특색 있는 소리가 나지만, 소리를 일으키는 근본 작용은 누구에 의한 것이냐고 묻는다. 바로 하늘의 소리, 즉 하늘의 뜻이다. 하지만 이 언급만으로는 하늘과 인간의 관계에 대한 장자의 문제의식을 구체적으로 확인할 길이 없다. 유가와 기존 도가의 비교가 필요하다.

공자 이전부터 하늘에는 자연적 의미, 추상적 원리와 근원으로서의 의미가 섞여 있었다. 관중의 『관자』를 보더라도 두 가지 의미가 상황에 따라 구별 없이 쓰인다. "하늘은 만물을 기르고, 추위와 더위를 조절하고, 해와 달을 운행하고, 별자리를 배열하는 것이 떳떳한 일"이라고 할 때는 자연의 작용이다. 하지만 "하늘을 따르는 사람은 하늘이 도와주고, 하늘을 거스르는 사람은 하늘이 버린다."(「형세」)라고 할 때의 하늘은 근원적 원리다.

어떤 측면에서든 관계는 하늘에서 인간으로 향한다. 하늘의 기상과 땅의 형태, 사람의 예의는 항상 변하지 않는다. 그래서 중국의 왕들은 하늘의 이치에 따라 통치하고 있음을 보여주기 위해 하늘에 제사를 지내곤 했다. 하지만 이후 춘추전국시대의 다양한 사상적 분화 속에서 하늘과 인간의 관계도 분화되고 보다 구체화된다.

유가의 인간 중심적 시각과 하늘

공자 역시 기본적으로 하늘의 뜻은 단순히 자연이 아니라 만물을 움직이는 도의 원리이기에 본받아야 한다는 입장을 가졌다. 하지만 하늘에서 인간에 이르는 일방적인 관계는 아니다. 『논어』에서 "사람이 도를 크게 할 수 있는 것이지, 도가 사람을 크게 하는 것은 아니다."(「위령공」)라며 인간의 능동적 역할을 강조한다. 하늘의 뜻이 저절로 사람을 깨우치게 하는 것이 아니라, 결국은 사람이 규명하고 넓게 펼친다는 것이다.

맹자도 『맹자』에서 "하늘의 명이 아닌 것이란 없다. 올바르게 순조로이 받아들여야만 한다."(「진심」)라고 해서 형식적으로는 하늘의 뜻이 중요하다고 보았다. 하지만 현실에서 의미를 갖는 실질적인 기준은 사람에게 있다고 했다.

마음을 다하는 사람은 본성을 아는 것이다. 본성을 알면 하늘도 알게 된다. 마음을 잘 간수하고 본성을 잘 기르는 것이 하늘을 섬기는 방법이다.(「진심」)

이정, 〈풍죽도〉, 17세기 초반

마음을 잘 간수하고 닦을 때 하늘의 뜻에 다가선다는 것이다. "만물이 나에게 갖추어져 있다."(「진심」) 자신에게 물어 진실하면 그것이 곧 하늘의 뜻이었다.

구체적인 실현 방법도 마찬가지다. 옛일을 알고 충실히 따르는 데서 온다고 했다. "천하에서 본성을 논함에는 옛일을 법칙으로 삼을 따름이다."(「이루」) 현실적으로 하늘의 뜻은 옛 성현의 생각과 일을 헤아려 알 수 있다는 뜻이다. 예를 들어, 하 나라를 열었던 우임금의 지혜를 따르면 하늘을 향한 길이 열린다.

이정李霆의 〈풍죽도風竹圖〉는 유가에서 생각하는 하늘의 뜻을 이해하는 데 도움을 준다. 이정은 시서화에 능했는데, 특히 대나무를 잘 그려 조선의 대표적인 묵죽 화가로 꼽힌다. 한국인 중에 이 그림을 못 본 사람은 없을 것이다. 5만 원 지폐의 뒷면 배경 그림으로 사용되고 있으니 말이다. 제목 그대로 바람에 나부끼는 대나무다. 앞의 대나무를 진한 먹, 뒤의 대나무를 흐린 먹으로 구별하여, 수묵 문인화의 평면 느낌을 넘어 풍부한 공간감을 살렸다.

유가 선비들은 매화·난초·국화·대나무를 소재로 한 사군자 그림을 즐겼다. 군자가 가져야 할 마음과 도리를 상징한다고 여겼기 때문이다. 매화는 겨울의 모진 추위를 뚫고 꽃을 피운다. 난초는 척박한 땅에서도 순결한 자태를 잃지 않는다. 국화는 늦가을의 서리를 이겨내고 화사한 꽃을 피운다. 대나무는 거센 바람에 흔들려도 결코 꺾이지 않는다. 모두 현실의 온갖 어려움을 딛고 유가의 가치를 실현하는 선비의 자세와 연결된다. 특히 대나무는 바람에 흔들리더라도 부러지지 않는 모습으로 선비의 절개와 곧은 마음을 상징한다.

자연의 특징과 선비의 자세가 맞물린 사군자에서 무엇이 출발점일까? 매화·난초·국화·대나무에서 선비의 태도를 끌어냈을 듯하지만 실제로는 반대다. 완전하고 고결한 인격을 갖춘 유가 선비를 가리키는 군자 개념은 춘추시대에 정립되었다. 사군자 명칭은 한참 세월이 흐른 명나라 때 자리 잡았다. 문인의 수묵화로 그려지기 시작한 것은 10세기 전후다. 시의 소재로는 더 오래전에 쓰였지만 대나무가 춘추시대에 사용되었고 나머지는 이후의 일이다.

결국 유가 선비로서의 인간적 가치가 우선하고, 나중에 자연의 특성이나 원리가 상징으로 사용되는 방식으로 관계가 맺어졌다. 하늘과 인간의 관계에 대한 유가의 태도도 기본적으로 인간적 가치가 우선하고, 인간의 도리에서 출발한다. 인간 안에 판단 근거가 있고, 하늘의 뜻이나 자연의 원리로 확장해나갈 동력이 있다.

맹자의 견해를 하늘과 인간의 합일관계로 보는 시각이 일반적이기는 하다. 하지만 실질적 관계와 명목적 관계는 구분할 필요가 있다. 분명 『맹자』 곳곳에 하늘의 명을 섬기고 따른다는 말이 나온다. 하지만 수사적 표현을 넘어서는 구체적·실질적 내용이 뒤따르지 않은 채, 인간에 의한 판단과 자신의 마음에 충실할 것을 주문한다.

한국 유가를 대표하는 사상가 이황李滉이 『퇴계집』에서 논한 '요산요수樂山樂水'에 대한 입장도 인간에게 무게 중심을 두었던 맹자의 연장선에서 이해될 수 있다.

그림으로 읽는 장자

요산요수는 산이 인仁이 되고 물이 지智가 된다는 말이 아니며, 사람과 산수가 같은 성性이라는 말도 아니다. 어진 자는 산과 같으므로 산을 즐기고, 지혜로운 자는 물과 같으므로 물을 즐긴다고 말한 것뿐이다.(〈요산요수를 논함〉)

하늘이나 자연에서 인간의 도리가 나오는 게 아니다. 둘 사이의 가치가 동등한 관계도 아니다. 자기 마음에 인과 지를 길러 충만하여 밖으로 드러나면 하늘과 자연의 이치는 저절로 실현된다. 어질고 지혜로운 사람의 마음이 곧바로 하늘이고 자연의 원리다.

공자와 맹자를 중심으로 한 유가는 새롭게 등장한 고대국가 이념을 뒷받침했다. 가장 큰 관심은 체계적인 사회질서 구축이었다. 국가와 법·제도는 본래 인간에게 있던 자연스러운 것이 아니다. 과거의 자연적인 공동체를 해체하고 인위적으로 만들어진 것, 그것도 소수의 특정 세력이 지배하면서 나타났다. 당연히 하늘이라고 지칭되는, 있는 그대로의 원리에서 벗어나 인간 중심적 사고에서만 가능한 체제다. 그러하기에 오랜 기간 주류 사상으로서 국가에 의해 사실상 공인받을 수 있었다.

기존 도가가 바라본 하늘과 인간

노자의 『도덕경』에 나오는 하늘은 상당 부분 자연의 성격을 갖는다. 『도덕경』에서는 사람과 하늘을 도와의 관계 속에서 다음과 같이 설명한다.

"사람은 땅을 본받고, 땅은 하늘을 본받고, 하늘은 도를 본받고, 도는 '스스로 그러함'을 본받는다." 가장 상위에 스스로 그러함, 즉 무위자연이 있다. 여기에서 도의 원리가 나오고 하늘과 땅은 도를 따른다. 도가 무위를 근간으로 하는 추상적 원리라면 하늘은 그에 부응하여 변화를 일으키는 자연에 속한다.

분화되지 않은 완전한 무엇이 하늘과 땅보다 먼저 있었다. 소리도 없고, 형체도 없고, 무엇에 의존하지도 않고, 변하지도 않고, 두루 평안하여 계속 움직이거나 없어질 위험이 없다. 가히 세상의 어머니라 하겠다. 나는 그 이름을 모른다. 그저 '도'라 불러본다.

도라는 글자 자체는 아무런 의미가 없다. 소리도 형체도 없다는 것은 감각으로 느끼거나 확인할 수 없다는 의미다. 분화되지 않았고 변하지도 않기에 스스로 완결적이다. 없어질 위험이 없기에 영원하다. 어떤 '존재'라고 말할 수 없는 도에서 음과 양의 원리가 생겨나고, 이를 통해 하늘과 땅을 비롯하여 세상의 모든 생성과 변화가 나타난다.

노자에게 하늘의 도는 인간에게 직접 길흉을 가져다주는 작용을 하지 않는다. 만물을 고르게 하는 원리로 작용할 뿐이다. "천도天道는 활시위를 끌어당기는 것과 같다. 높은 곳은 눌러주고 낮은 데는 올려주며, 남는 곳은 덜어주고 모자란 데는 보태준다." 이에 비해 인위적으로 이루어지는 인간의 작용은 천도와는 상반되게 나타난다. "인도人道는 부족한 자에게서 덜어다가 남는 자가 받는다." 부족한 사람을 더 부족하게 만들기에 인위

그림으로 읽는 장자

적인 작용은 분별과 차별을 낳는다. 그러므로 인위를 벗어나 만물을 고르게 하는 천도를 따라야 한다.

열자의 관점도 노자와 상당히 유사하다. 『열자』에서 음과 양을 근거로 하늘과 땅의 관계를 규정한다. 또한 분화되지 않았고 변하지도 않는 그 무엇에서 시작하는 면에서도 같다. "모든 형체를 지닌 것은 형체가 없는 것으로부터 생겨났다." 기운과 형체와 성질이 갖추어졌으되 서로 분리되지는 않은 도의 원리에 따라 하늘과 땅이 생겨나고 만물이 만들어졌다. 그러므로 하늘의 도에는 인위적인 그 무엇도 끼어들 여지가 없다.

도가 세상과 인간에게 미치는 영향도 인위에서 벗어난 무위자연, 즉 '스스로 그러함'의 연장선에서 이루어진다. "세상일은 아득히 끝이 없으나 하늘의 도에 의해 스스로 이루어지고, 세상은 넓어서 사물을 분별할 수가 없는데도 하늘의 도에 따라서 스스로 변화한다."(「역명力命」) 자연스럽게 되어 가는 대로 도의 뜻을 따르는 삶과 세상이 가장 바람직하다.

남송의 화가 마원의 〈추강어은도秋江漁隱圖〉에는 천도에 따라 만들어지는 무위의 세상을 향한 염원이 담겨 있다. 낚시하는 사람을 소재로 한 흔한 그림이 아니다. 물에 드리운 낚싯대가 없다. 배 젓는 노를 내려놓고 팔짱을 낀 채 꽤 깊은 잠에 빠진 모습이다. 물가 주변에 갈대가 가득하고, 물결은 잠을 방해하지 않으려는 듯 잔잔하다. 왼쪽 여백에 짤막한 시 한 수가 보인다. 나중에 청나라 건륭제가 적어놓은 글이다.

달 떨어진 강 위 하늘 낚시는 그만두고
버들에 의지해 앉아 졸면서 화서를 꿈꾸네.

마원, 〈추강어은도〉, 13세기

갈대숲에 하필이면 작은 배가 얽히니
물결치는 대로 바람 부는 대로 맡겼네.

    그림 속 인물은 강에 비친 하늘을 보다 잠들어 '화서'의 꿈을 꾼다. 화서는 도가의 이상세계인 화서씨華胥氏의 나라를 의미한다. 『열자』의 「황제」편에 자세한 내용이 나온다. 황제黃帝는 옛날 전설적인 임금 가운데 도가에서 가장 이상적으로 여기는 인물이다. 도가를 황제와 노자의 학문이라고 부르기도 한다. 황제는 어느 날 낮잠을 자다가 꿈에서 화서씨의 나라를 여행한다. 그 나라는 통치자나 신분의 높고 낮음이 없다. 모든 게 무위에 의해 저절로 되어간다. 백성은 욕망이 없고 되는 대로 산다. 순종과 반역, 이로움과 해로움, 사랑과 미움, 삶과 죽음에 대한 관념이 없다. 두려워하거나 꺼리는 일도 없다. 그림의 시에서 꿈꾸는 화서의 나라는 이렇듯 오직 무위자연에 의해 움직일 뿐이어서 안락함과 평화로움이 가득하다. "물결치는 대로 바람 부는 대로" 자신을 맡긴다는 내용도 무위의 삶을 의미한다.

    열자에 의하면 하늘과 인간의 관계는 일방적이어서 하늘의 뜻으로 나타나는 도를 어찌할 수는 없다. 지혜를 통해 하늘의 뜻에 직접 관여할 방법은 없다. 그저 무위자연에 맡기는 삶이어야 한다. 유가가 인간 중심적 가치와 인간의 능동적 역할을 중시했다면, 노자나 열자는 하늘의 도에 자신을 맡기고 평온을 구한다는 점에서 수동적인 면이 강하다.

불안한 경계 위에 올라서라!

장자는 하늘과 인간의 관계를 어떻게 보았을까? 『장자』에 그의 문제의
식을 비교적 구체적으로 이해할 수 있는 대목이 나온다.

하늘이 하는 일을 알고 사람이 하는 일을 아는 사람은 지극한 사람이다.
하늘이 하는 일을 아는 사람은 타고난 대로 살아간다. 사람이 하는 일
을 아는 사람은 지각이 아는 것을 가지고 지각이 알지 못하는 것을 길러
나간다. (…) 앎은 의거하는 데가 있어야 판단이 선다. 그런데 그 의거하
는 데가 불안정하다. 그러니 어찌 내가 말하는 하늘이 사람이 아님을 알
수 있겠는가? 어찌 내가 말하는 사람이 하늘이 아님을 알 수가 있겠는
가?(「대종사」)

하늘의 뜻만이 아니라 사람이 하는 일도 알아야 한다. 기존 도가와 유가
의 두 편향을 모두 극복하는 방향으로 향한다. 노자와 열자는 하늘의 뜻을
아는 데 몰두했다. 하늘의 도를 따라 자연스럽게 삶을 맡기면 됐다. 사람의
일은 인위에 의해 분별과 차별을 낳는다. 그 이상의 구체적인 고민은 찾아
보기 어렵다. 하늘이 하는 일을 아는 사람은 타고난 대로 살아갈 뿐이다.
　유가는 실질적인 관심이 사람의 일로 향한다. 이들은 "지각이 아는 것을
가지고 지각이 알지 못하는 것"을 기른다. 지각으로 알 수 있는 일상의 삶
이나 세상사를 통해 점차 확장하여 지각으로 접근할 수 없는 것, 최종적으
로는 하늘의 일을 아는 것으로 나아간다. 만약 그러하다면 하늘의 뜻이 별

도로 있는 것이 아니다. 스스로의 지각에 의존하면 된다.

그런데 하늘의 일이든 사람의 일이든 앎에는 맹점과 한계가 있다. 앎은 안팎으로 의거하는 데가 있어야 가능하다. 밖으로는 사물이나 현상이 있어야 한다. 안으로는 시각·청각·촉각 등 감각과 정신의 기능이 있어야 한다. 이를 통해 판단에 도달한다. 문제는 의거하는 데가 불안정하다는 점이다. 세상의 사물이나 현상은 고정되어 있지 않고 항상 변화한다. 내적인 감각과 정신도 유동적이다. 그러므로 앎이 정확한 판단에 도달하기는 어렵다.

명나라 화가 석예石銳의 〈헌원문도도軒轅問道圖〉는 앎이 처한 곤란함에 대해 고민하게 만든다. 헌원은 앞서 언급한 황제의 이름이다. 황제가 깊은 산중의 선인을 찾아가 도에 대해 묻는 장면이다. 노송 아래의 선인이 편한 자세로 앉아 도에 대해 설명한다. 두 손을 모아 공손한 자세를 한 황제가 귀를 기울인다. 그런데 천하를 통치하는 왕이 직접 먼 길을 찾아가 배움을 청한다는 게 선뜻 다가오지 않는다.

이 그림은 『장자』의 외편 내용을 묘사했다. 황제가 천자가 된 지 19년이 되어 법도로 삼은 명령이 천하에 행해졌다. 그럼에도 황제는 깊은 산속의 선인을 찾아가 묻는다. "선생님께서는 지극한 도에 통달하셨다니 도의 정수에 대해 여쭙고자 합니다." 황제는 처음 천하를 다스릴 때부터 하늘의 도를 따르려 했다. 하늘의 일과 사람의 일 모두를 알고자 했다.

백성을 이끄는 그로서는 신선처럼 하늘의 일만 살피고 무위만으로 살 수는 없는 노릇이다. 그렇다고 사람의 일만을 살피는 지혜에 머물 때 백성은 인위로 인한 차별과 화를 당한다. 장자가 "왕이 지혜만 좋아하고 도를

석예, 〈헌원문도도〉 부분, 15세기

알지 못하면 천하는 크게 혼란에 빠진다."라고 했듯이 말이다. 그렇기 때문에 황제는 현실에서 필요한 지혜만이 아니라 하늘의 도를 얻으려 했다. 다른 누구보다도 많은 앎에 이르렀고, 세상을 다스리면서 질서를 세웠다.

하지만 스스로의 앎에 늘 부족함을 느끼며 도의 정수를 구하려 선인을 찾았다. 장자도 황제의 고민과 처지에 공감했던 듯하다. 장자는 한편으로 황제가 다스리던 시기를 "지극한 덕이 행해지던 세상"이라거나 "지극히 잘 다스려지던 때"라고 인정한다. 하지만 다른 한편으로 "황제가 처음으로 어짊과 의로움으로써 사람들의 마음을 교란"시켰다며 비판한다. 황제는 선인으로부터 무위를 배우고, 나중에 노자에 견줄 정도로 도가 사상을 체현했어도 앎 자체는 늘 한계 안에 있었다. 그 결과 불행과 재난에서 완전히 자유롭지 못했다. 사회질서 유지를 위해 인·의 등 인위적 가치와 단절하지 못하기에 구별과 차별에서 벗어나지 못했다.

장자에 의하면 현실에서 살아가는 이상 하늘의 일과 사람의 일은 늘 맞물린다. 하늘은 사람이 아니고, 사람은 하늘이 아니다. 어느 하나로 다른 하나에 도달하지 못한다. 노자처럼 하늘로 미루어 사람을 다 알 수 있는 것이 아니다. 또한 유가처럼 사람으로 미루어 하늘을 다 알 수 있는 것도 아니다. 우리의 시야는 하늘과 사람이 하는 일 모두로 향해야 한다.

장자는 기존 도가와 유가에게서 나타나는 양 편향을 넘어 하늘과 인간의 조화로 나아간다. 앞서 이름의 문제를 논하면서 장자가 "하늘과 땅의 참모습을 타고 날씨의 변화를 부림"(「소요유」)에 특별히 주목했음을 논한 바가 있다. 하늘과 땅의 변화에 무조건 따르는 순수한 무위가 아니다. 그 '참모습'을 가려내기 위해서는 정신과의 상호작용이 필수적이고, '부림'이라는 주관적 작용이 필요하기에 인위와 섞인다. 유가처럼 무위에서 분리되어 인위로 치닫는 경향이 위험하다면, 기존 도가처럼 인위에서 분리되어 무위에 머무는 경향은 비현실적이다. 둘을 분리하는 방식은 하늘의 일과 사람의 일 모두를 기형으로 만든다. 그러한 의미에서 하늘과 인간의 조화는 곧 무위와 인위의 통일이기도 하다.

무위와 인위의 경계에 서 있기 때문에 장자의 시도는 불안하다. 자칫 유가와의 경계가 흐려질 수도 있고, 기존 도가의 아류로 낙인찍힐 수도 있는 경계다. 실제로 그간의 장자 이해도 이러한 경계의 바깥에서 허우적거리는 경우가 많다. 대체로 노자의 소박하고 투박한 시야로 장자를 덮어버린다. 혹은 맹자에 대한 확대 해석이나 장자의 속류화를 통해 유가와의 경계를 흐려버리는 경우도 있다.

장자는 경계에 있을 때 비로소 장자다. 경계는 항상 유동적이다. 그래서 사람들은 경계에서 내려와 안이하게 유유자적의 관점으로 가버리거나, 반대로 도덕의 이름으로 인위와 제도를 옹호하는 현실에의 안주로 달아나 버린다. 그러는 사이 장자는 왜곡된다. 진정 장자의 자유와 만나고 싶다면 그가 선 경계의 지점으로 다시 올라가야 한다.

본래 자유란 그런 게 아닐까? 하늘과 인간 사이, 무위와 인위 사이, 필연과 우연 사이, 객관과 주관 사이, 초월과 현실 사이, 세계와 개인 사이에서 불안한 줄타기를 하는 곳에 자유가 있는 게 아닐까? 이미 안정됐다고 생각하는 순간 손에서 빠져나가 버리고 마는 게 아닐까? 그러한 의미에서 자유는 불안과 떼려야 뗄 수 없는 동반자 관계가 아닐까?

장자의 사상과 삶의 태도를 단 한 단어로 표현하라고 하면 나는 '경계'

를 꼽는다. 이 책의 곳곳에서 장자를 설명하면서 가장 많이 사용했던 말이기도 하다. 그런데 사실 우리 대부분이 꺼리고 싫어하는 말이다. 경계나 경계인이라고 하면 무언가 불확실, 불안, 고독, 위험 등의 상태와 겹쳐지기 때문이다. 안정된 정착을 거부하며 늘 이 지역 저 지역을 옮겨 다니는, 경계인의 삶에 익숙한 유목민의 불안정과 고단함이 떠오른다.

우리 역시 수천 년에 걸친 정착민의 사회적·문화적 유전자를 물려받았으니 경계라는 말에 거부감을 갖는 게 어찌 보면 당연할지도 모른다. 하지만 고인 물은 썩기 마련이라는 진리는 삶의 태도에도 적용된다. 모든 혁신은 고정을 넘어서 유동적인 상태로 접어드는 경계에서 시작된다. 게다가 현대사회야말로 언제나 떠날 준비가 되어 있는 유목인의 마음가짐이 필요하다. 인류가 수천 년을 살아온 농경사회나 산업사회와 달리, 이른바 정보화사회는 직업과 삶의 공간은 물론이고 인간관계와 발상이 고정된 상태를 거부한다. '이동'이야말로 이 시대를 대표하는 단어가 되었다. 끊임없이 이동과 변화가 요구되는 새로운 세상에서 경계는 가장 미래지향적이고 능동적인 삶의 태도다. 장자는 우리에게 말한다. "경계에 서라!"

참고문헌

관중, 김필수 외 옮김,『관자』, 소나무, 2015년

공자, 김학주 옮김,『논어』, 서울대학교출판부, 1995년

김수영,『김수영 전집1』, 민음사, 2018년

노자, 오강남 옮김,『도덕경』, 현암사, 2009년

두보, 장기근 옮김,『두보시선』, 명문당, 2003년

맹자, 김학주 옮김,『맹자』, 서울대학교출판부, 2013년

묵자, 김학주 옮김,『묵자』, 명문당, 2003년

박지원, 이민수 옮김,『호질, 양반전, 허생전』, 범우사, 1991년

사마천, 정범진 외 옮김,『사기』, 까치, 2005년

여불위, 김근 옮김,『여씨춘추』, 민음사, 1995년

열자, 김학주 옮김,『열자』, 연암서가, 2011년

왕필, 임채우 옮김,『주역』, 길, 2013년

이백, 이원섭 옮김,『이백시선』, 현암사, 2012년

이황 · 이이, 윤사순 · 유정동 옮김,『한국의 유학사상』, 삼성출판사, 1997년

장자, 김학주 옮김,『장자』, 연암서가, 2010년

풍우, 김갑수 옮김,『천인관계론』, 신지서원, 1993년

한비, 이운구 옮김,『한비자』, 한길사, 2002년